国情教育研究书系

田慧生◎主编　曾天山◎副主编

中国研究生教育发展报告 *2013*

刘贵华 等 著

教育科学出版社

·北京·

丛书编委会

主　　编：田慧生
副 主 编：曾天山
编委会成员（按姓氏笔画排序）：

于发友　　马晓强　　王　素　　王　燕　　田慧生　　刘　芳　　刘占兰
刘明堂　　刘建丰　　刘贵华　　刘俊贵　　刘晓楠　　孙　诚　　孙智昌
李　东　　李晓强　　杨润勇　　吴　键　　吴　霓　　张男星　　张敬培
陈如平　　所广一　　单志艳　　孟万金　　郝志军　　姚宏杰　　高宝立
彭霞光　　葛　都　　曾天山　　赖　立

丛书总序

为打造具有国家水准、国际视野的教育科研成果，更好地服务于办好人民满意的教育，服务于全面建成小康社会，在中央级公益性科研院所基本科研业务费专项基金的支持下，我院开展了对国内外重大教育理论与现实问题的系统研究，形成了"国情、国视、国菁、国际"四大书系。

"国情"教育研究书系以年度发展报告的形式，全面反映我国各级各类教育的成就、经验和挑战，对全国各省（自治区、直辖市）教育发展和政策进行区域比较，对我国各级各类教育的发展水平进行国际比较，力求对我国教育的规模、结构、质量和效益做出科学判断。

"国视"教育研究书系聚焦社会关注的教育热点难点，着眼于基础性、长远性、前瞻性问题，以了解事实、回应关切、提供政策建议为主要目的，探索教育发展规律。

"国菁"教育调研书系专门研究大中小学生的学习生活状态，涉及学校生活、家庭生活、社会生活、网络生活等，通过调查研究，了解当代学生的思想情感和行为特点，为研究如何促进学生的身心健康发展提供科学依据。

"国际"教育研究书系分为著作和译作两类，主要反映国际教育改革发展动态，回顾国际教育的历史进程，跟踪国际教育的改革动态，把握国际教育的发展趋势。

四大书系既各自独立又相互联系，在保持各书系特点的同时，力求做到：

一、"从事实切入"。"事实"是"事件真实的情形"，是在过去和现在被验证且中立的信息。在科学研究中，事实是指可证明的概念，是研究的起点。客观的事实是逻辑的基础和内容，逻辑是事实的理论再现。从实际对象出发，从实际情况出发，能够提高研究问题的针对性和实效性。

二、"用数据说话"。数据是研究和决策的基础。四大书系力图建立在数据和事实的基础之上，通过对数据的搜集、提炼、整合、分析，发现问题，探索规律。

三、"做比较分析"。没有比较就没有鉴别。四大书系力求通过国别比较、区域比较、类型比较、结构比较，找到差距，发现真知，提供卓见。

四、"搞协同创新"。协同创新是提高创新效率和创新水平的战略要求。四大书系研究调动院内外、系统内外、国内外资源，注重人员交叉、学科交叉、方法交叉，力求有所创新、有所突破。

五、"靠政策影响"。建言献策是智库研究的最终目的。四大书系以教育公共政策为研究对象，以影响政府决策为研究目标，以公共利益为研究导向，以社会责任为研究准则，建可信之言，献可行之策。

四大书系的编辑出版是我院全面提高教育科研水平的一项整体努力，也是建设国家一流教育智库的客观要求。在研究和编写过程中，书系得到了相关机构和同仁，特别是教育部相关司局及有关部委的大力支持，前期成果也受到了广大读者的欢迎，在此一并致谢！我们将以此为起点，不懈努力，加快中国特色新型智库建设，为推动中国教育事业科学发展发挥不可替代的重要作用。

中国教育科学研究院
2014 年 11 月

目 录
CONTENTS

研究生教育是创造和应用高深专门知识的教与学活动。长期以来，研究生教育常常被作为一般的高等教育来论述，忽视了研究生教育自身的独特性和学科的独立性。鉴于研究生教育理论的匮乏和实践的困惑，人们急切地呼唤着高质量的研究生教育研究。2013 年是研究生教育综合改革的元年，国家召开了全国研究生教育工作会议，发布了《关于深化研究生教育改革的意见》等一系列重大教育政策。在强调系统性教育改革的同时，研究生培养单位也积极探索以提高质量为核心的改革创新路径。研究生教育研究已经逐渐从学术的边缘走向学术的中心，开始在服务决策和指导实践的过程中发挥日益重要的作用。

《中国研究生教育发展报告 2013》属于中国教育科学研究院的国情教育研究书系，力图通过数据分析和案例研究展示中国研究生教育发展的状况。在遵循丛书总体框架的前提下，本书在研究中还呈现出如下特点：（1）理论分析与数据分析相结合。本书不仅通过官方统计数据分析了研究生教育的规模结构和支撑条件，而且还对研究生教育发展进行了系统的理论思考，提出了研究生教育发展的一般逻辑。（2）定量研究与定性研究相结合。本书前三章主要采用官方统计数据，通过定量分析展示了中国研究生教育发展的总体状况、区域差异和国际地位；后两章则借助典型案例的定性分析，深入反思研究生教育改革的内容、方式以及发展趋势。（3）长线研究与热点研究相结合。本书在力求全面展现中国研究生教育发展状况的基础上，对研究生教育发展的基础性研究和应急性研究进行构架，把统计数据和典型案例反映出的表面状况作为热点研究，把数据背后的理论支撑和学科积累作为长线研究，强化本书的"研究"取向。

一、研究生教育发展的一般逻辑

研究生教育发展既有数量的增长，又有结构的调整。从 2007 年到 2012 年，我国研究生招生人数年均增长率为 6.57%[①]，但同期英美等国的增长率却相对较低，日本更是出现了 1.06% 的负增长。不同国家和地区的研究生教育呈现出不同的发展态势。同时，博士与硕士研究生的结构比例、学术学位与专业学位研究生的结构比例，以及不同学科专业的结构比例也处于动态的变化之中。透过研究生教育发展的表面现象，我们可以发现支配研究生教育发展的四种逻辑，即知识逻辑、学科逻辑、社会逻辑和创造逻辑，它们分别决定了研究生教育的内容、结构、模式和动力。在四种逻辑的支配下，研究生教育的发展轨迹遵循"钟摆定律"，即以具体问题为导向，在学术逻辑与社会逻辑之间运行，以期实现动态平衡。这一钟摆运动的悬点同时又是螺旋上升的，这一过程就是创造和应用高深专门知识的过程。

从知识逻辑对于研究生教育发展的支配来看，在不同的知识范式下，研究生教育发展呈现出不同的模式。比如，在当前的知识生产模式下，大学之外的企业、政府或社会机构越来越多地参与到知识生产过程中，研究生教育也变得越来越强调产学研合作。从学科逻辑对于研究生教育发展的支配来看，不同的学科标准和学科形式（指学科形态、组织形式等）直接影响研究生教育发展的结构。比如，当前大学中跨学科研究中心的建立就是学科体系重组的结果，它带来的是研究生学习内容和学习方式的变革。从社会逻辑对于研究生教育发展的支配来看，社会的结构功能直接影响到研究生教育的目标和导向。比如，在后工业社会中，研究生教育的功能就从工业社会中对个人的筛选转变为个人内在的发展。当研究生教育不再是一种身份或特权时，它对于个体的目的性价值才得以更加凸显。从创造逻

[①] 本书中，我国研究生教育发展的相关数据不涉及港澳台地区。

辑对于研究生教育发展的支配来看，个体在创新的不同阶段具有不同的学习方式和人格特征。比如，在研究生教育阶段的早期，研究生主要通过模仿跟随导师进行学习，而在学位论文的创作阶段，研究生变得更加独立，在某些研究领域中的研究水平甚至超过了导师。创造逻辑要求研究生的培养方案和课程设置能够适应研究生内在的发展规律。

在研究生教育发展的四种逻辑中，知识逻辑和学科逻辑可以归结为学术逻辑，学术逻辑和社会逻辑的交替运动是研究生教育发展的原动力，而作为学术逻辑和社会逻辑钟摆"悬点"的是不断变化的社会实践问题（即创造逻辑的驱动），因而创造逻辑是研究生教育发展的原点和动力。当学术研究脱离社会需求时，研究生教育就会从学术逻辑一端慢慢移动到社会逻辑一端，然而当学术研究过于社会化时，研究生教育又会慢慢向学术逻辑一端运动，最终达到动态的平衡。每次动态平衡的实现都会推进作为悬点的社会实践问题的解决，而这从根本上说都是由创造逻辑推动的。

二、研究生教育发展的主要状况

从 2007 年到 2012 年，我国研究生教育发展呈现出规模增长迅速、结构调整加快、质量效益提升等特点，但也显露出增速过快、区域差异显著、专业学位研究生比例偏低等问题。

（一）研究生教育规模增长迅速

1. 中国研究生教育增长速度高于英、美、澳等国

从 2007 年到 2012 年，我国研究生招生人数（不含在职联考研究生）的年均增长率高达 6.57%，而澳大利亚和美国则分别为 3.24% 和 3.05%。在此期间，我国在校研究生人数年均增长率为 7.55%，而英国、澳大利亚和美国则分别为 1.14%、3.37% 和 1.94%。此外，我国研究生学位授予数量的年均增长率为 8.65%，而同期英国、澳大利亚和美国的年均增长率分别为 5.51%、4.02% 和 3.16%。

2. 硕士研究生教育增长较快

从 2007 年到 2012 年，我国博士研究生招生人数年均增长率为 3.46%，硕士研究生招生人数年均增长率为 6.54%。硕士研究生招生人数年均增长率高于博士研究生。

（二）研究生教育结构调整加快

1. 我国专业学位研究生比例偏低，但发展迅速

2012 年，在学术学位和专业学位的结构比例中，澳大利亚和英国的专业学位授予比例相对较高，分别为 91.95% 和 90.87%，而我国的专业学位授予比例相对较低，为 32.40%。从 2005 年到 2012 年，我国研究生教育中专业学位授予数占学位授予总数的比例从 18.97% 增长到 32.40%，增加了 13.43 个百分点。同期，澳大利亚专业学位授予数占学位授予总数的比例从 81.64% 增长到 91.95%，增加了 10.31 个百分点。

2. 学术型研究生教育仍占据主流

2012 年我国在校研究生中，学术学位研究生占总数的 73.84%，专业学位研究生占总数的 26.16%。在博士研究生中，学术学位研究生占总数的 97.91%；在硕士研究生中，学术学位研究生占总数的 69.09%。专业学位硕士研究生在近几年虽有较快增长，但我国研究生仍然以学术型为主。

3. 理工科研究生人数居多

2012 年在我国学术学位在校研究生中，工学在校研究生最多，占总数的 37.90%；其次是理学研究生，占总数的 14.21%。这两个学科学术学位在校研究生人数之和占总数的 52.11%。按学科门类分，2012 年我国研究生学位授予数最多的为工学学位。就博士学位授予数而言，最多的为工学，占 34.39%，其次为理学，占 18.12%；就硕士学位授予数而言，最多的也是工学，占 22.72%，其次为理学，占 7.19%。

4. 我国研究生教育在高等教育中的比重偏低

2012 年，我国在校研究生人数占全部高等教育在校生人数的比例为 5.26%，而英国和澳大利亚高等教育中在校研究生的比例则相对较高，分别为 22.92% 和 24.37%，我国在校研究生人数占全部高等教育在校生人数

的比例低于澳大利亚和英国。

（三）研究生教育发展区域差异显著

1. 各省（区、市）研究生教育规模差距明显

从各省（区、市）研究生招生规模来看，我国研究生招生数量集中在东部和中部部分地区。2012 年绝对数居前三位的是北京、江苏和上海，且各地在校研究生数的绝对离散程度在提高。各省（区、市）研究生在校生规模的环比增长率呈倒"U"形变化。北京、上海、江苏、湖北、陕西是博士研究生的主要集聚地。从 2007 年到 2012 年各省（区、市）研究生学位授予规模的年均增长率呈现明显的"V"形变化。其中，北京研究生学位授予数最多；西藏、青海的研究生学位授予数年均增长率最高。从各省（区、市）研究生毕业规模来看，研究生毕业生分布与学位授予状况分布具有高度的一致性，西藏的研究生毕业生年均增长率最高。

2. 各省（区、市）研究生教育层次、类型不均衡

各省（区、市）博士研究生招生数量均少于硕士研究生，专业学位研究生招生数量少于学术学位研究生招生数量。2012 年，安徽、福建、广西、海南、贵州、云南、青海、宁夏等省（区、市）无专业学位博士研究生。东、中、西和东北地区硕士学位授予数最多的学科分别是经济学、哲学、农学和历史学；博士学位授予数最多的学科分别是文学、管理学、农学和医学。

（四）研究生教育质量效益逐步提高

1. 项目研究中研究生参与比例过半

2012 年，在高等学校研究与发展项目中，基础研究项目中研究生参与比例为 49.45%，应用研究项目中研究生参与比例为 40.75%，试验发展项目中研究生参与比例为 9.80%。2012 年国家自然科学基金面上项目组成人员中，博士生占 22.52%，硕士生占 28.33%，博士后占 1.59%；重点项目组成人员中，博士生占 28.78%，硕士生占 22.27%，博士后占 4.19%。研究生在国家自然科学基金项目中的参与比例过半。

2. 半数以上省（区、市）研究生教育与经济发展水平基本相适应

根据研究生教育发展水平和经济发展水平的评价指标体系测算，北京、江苏、上海领先于全国研究生教育综合发展水平，且北京的优势明显。各省（区、市）研究生教育发展水平与经济发展水平总体上一致，但天津、福建、四川、陕西、内蒙古相差较大。

三、研究生教育改革发展的年度热点

2013 年是我国研究生教育综合改革的元年，国家密集出台了关于研究生教育改革发展的诸多政策文件，研究生培养单位也积极探索研究生培养的新模式。

（一）国家层面的研究生教育改革注重顶层设计

2013 年，国家相关部门关于研究生教育改革发展的政策文件密集出台，从多个方面规划了今后一个时期研究生教育的改革与发展蓝图。2013年我国研究生教育的主要政策既涉及统筹各方面发展的顶层设计，又涉及质量保证和经费投入等具体的配套改革，还涉及专业学位研究生教育等重点的改革切入点和突破口。

（二）国家层面的研究生教育改革强调重点突破

2013 年，国家在诸多关键领域推进研究生教育改革，包括研究生教育结构的多样化、研究生教育管理中心的下移、研究生收费制度的启动和研究生质量保障的强化。

（三）培养单位积极探索研究生教育的综合改革

2013 年，北京师范大学和中国农业大学积极探索研究生教育的综合改革，强化对学校研究生教育发展的系统思考和整体构建。

（四）研究生培养单位在招生、培养、质量保证等方面不断尝试

2013 年，博士生招生的考核—申请制、研究生培养的协同创新平台建设，以及学位论文抽检制度的实施，为培养单位的研究生教育改革增添了新的活力。

（五）改革方式具有顶层设计和基层创新相结合的特征

2013 年，国家关于研究生教育改革的政策密集出台，同时研究生培养单位针对发展过程中出现的新问题不断进行改革和尝试，由此掀起了研究生教育改革发展的新一轮高潮。

第一章

中国研究生教育发展的总体状况

党的十八大提出，要推动高等教育内涵式发展，提高高等教育质量。研究生教育是培养高层次人才的主要途径，是国家创新体系的重要组成部分，在国家发展中的战略地位日益凸显。改革开放以来，我国研究生教育取得了重大成就，基本实现了立足国内培养高层次人才的战略目标。但总体上看，研究生教育还未能适应经济社会发展的多样化需求，培养质量与国际先进水平相比还有较大差距。随着近些年我国研究生教育规模的扩大，研究生教育也发生着深刻变化，进入了一个新的历史时期，以提升研究生教育质量为核心的内涵式发展已成为我国研究生教育的重点。

一、研究生教育的发展逻辑

研究生教育的数量变化和结构调整可以直观地反映出研究生教育发展的状况，但对于研究生教育发展规律的把握还需要透过表面现象，深入分析研究生教育的本质问题，对研究生教育发展变化的深层原因做出理性回答。2012年我国在校研究生人数近172万，比1998年增长了7.6倍，规模和增速都居于世界前列。但与世界主要发达国家相比，中国的研究生教育规模在高等教育中所占比例相对较低，仍有较大的发展空间。研究生教育的发展到底该"踩刹车"还是"踩油门"的问题无法单纯地通过数据做出判定。此外，中国的研究生教育正在积极地进行结构调整，大力发展专业学位研究生教育，但同期澳大利亚等国家的专业学位研究生教育发展又出现了相反的趋势。研究生教育的发展到底该重视学术学位还是专业学位的问题也无法简单地做出回答。

2013年教育部等部委联合下发了《关于深化研究生教育改革的意见》，从总体上要求"到2020年，基本建成规模结构适应需要、培养模式各具特色、整体质量不断提升、拔尖创新人才不断涌现的研究生教育体系"。在当前对于研究生教育发展的研究中，我们既要重视通过事实和数据把握发展的状况，又迫切需要深入思考数据背后反映的研究生教育发展的根本问题。

（一）知识逻辑决定研究生教育发展的内容

1. 研究生教育与高深专门知识

研究生教育的核心是高深专门知识的生产和应用，因而知识生产方式和应用方式的变化直接影响研究生教育的目标、内容和组织形式。研究生教育与高深专门知识的关系犹如同一硬币的两面，研究生教育是高深专门知识生产的场所和载体，而高深专门知识则是研究生教育的实质和内容。与基础教育和本科教育不同的是，研究生教育始终处于知识发展和转型的最前沿，它对知识变革的敏感性要远远超过其他层次的教育。相对而言，研究生教育面对的是不确定的原生态知识，而其他层次的教育面对的则是一种经过加工的系统化、结构化知识。知识形态的不同造成了教育方式和方法的差异，因而研究生教育的结构相对自由和松散，而其他层次的教育则相对固定和有序。研究生教育通常没有固定的教材，所学知识也大多是"半成品"，有待科学的证实或证伪，其知识更新的速度也远远超过其他层次的教育。

从高深专门知识的存在形式来看，它通常具有前沿性、不确定性和多变性的特征。高深专门知识处于人类已知和未知的边缘，只有经过系统的教育并站在人类认识"肩上"的人才有可能探究高深专门知识。此外，高深专门知识的不确定性和多变性也决定了学习者必须具备抽象性和复杂性的高级认识和思维水平。高深专门知识的这些特征决定了研究生教育"舍我其谁"的地位，研究生教育的过程也就是高深专门知识的生产和应用过程。据统计，2012 年，我国科研论文的 74.6% 来自于高等院校和研究机构，仅有 6.3% 来自于公司企业（科技部发展计划司，2013）。研究生教育与高深专门知识的生产和应用已经融为一体，因而科研与教育是研究生教育发展的"双核"，在科学探究中进行教育与在教育中实现知识创新天然地联系在一起。

研究生教育发展的知识逻辑体现在两个方面。一方面，高深专门知识的发展推动研究生教育的发展，研究生教育的发展取决于人类现有的最高认识水平。另一方面，研究生教育的发展又促进高深专门知识的创造和应用。衡量研究生教育发展水平的重要标志是它在知识创新方面的贡献，纯粹以传授知识为导向的研究生教育必然会遭遇合法化危机。在高等教育大众化阶段，饱受诟病的研究生教育"本科化"现象的根源就在于它没有促进知识的创新。研究生教育与高深专门知识的良性互动推动着人类教育水平和知识水平的不断提升。

2. 知识逻辑的表现形式

知识具有内在的发展逻辑，它在知识与认识者、知识与认识对象、知识与认识方式，以及知识与社会的关系中生成，并处于动态变化之中。从知识与认识者的关系来说，它揭示的是"谁的知识"的问题，即谁拥有知识，并有权支配知识。"谁的知识"占据支配地位通常是由整个社会的权力结构所决定的。从知识与认识对象的关系来说，它揭示的是"什么知识最有价值"的问题。从知识与认识方式的关系来说，它揭示的是"何种研究方法最有效"的问题。从知识与社会的关系来说，它揭示的是"知识如何在社会中生成"的问题。知识生成方式的转变引发研究生教育方式的转型。

3. 知识逻辑与研究生教育的发展

世界研究生教育经历了学徒式、专业式和协作式培养模式的嬗变（李盛兵，1996），而推动研究生教育发展的便是知识范式的转型。现代研究生教育最早形成于 19 世纪上半期德国的大学。由于德国研究生教育吸收了中世纪行会中师傅带徒弟的教育形式，由此形成了"学徒式"的研究生培养模式。从学徒式背后的知识逻辑来看，它强调的是师傅个体的知识，此种知识存在于师傅对徒弟潜移默化的影响中，是一种如何从事科研的缄默知识。从研究方法来说，此种模式依靠的是研究生个人的体验和感悟；从社会的支配模式上看，这个时期的学者通常具有很大的权力，他们的知识权威地位不容否定（见表 1-1）。专业式研究生培养模式形成于 19 世纪后期的美国，以约翰·霍普金斯大学（John Hopkins University）的成立为标志。在专业式培养模式下，知识的拥有者已经从师傅个体转变为非人格化的专业团体，原本零散的个体性专家知识汇聚成整个专业的集体性知识。与此相应，知识的形式也从缄默知识正式化和专业化为显性知识，其表征形式是研究生教育的专业课程内容。在研究方法上，专业式研究生教育也逐渐摆脱了过去经验性的学习方式，开始强调科学化和专业化的研究方法。从欧美各国研究生教育课程中对研究方法的强调便可以看出此种转变。在社会关系上，专业式研究生教育强调的是对研究生的社会化过程，即通过学科知识的规训使他们成为专业的科研工作者（见表 1-1）。协作式研究生教育形成于 20 世纪 50 年代，以美国斯坦福大学（Stanford University）建立的硅谷（Silicon Valley）为重要标志。协作式研究生教育模式背后的知识主体从专业团体，转变为由大学、政府和企业构成的多元主体，知识的生成不再单纯由学术团体所决定，因而知识的形式也表征为囊括各方利益的综合性知识。在研究方法上，专业性的研究方法和经验性的研究方法同时受到人们的重视，在学术探究上每种方法都是一种不可替代的独特视角。从协作式培养模式背后的社会关系来看，知识呈现出去中心化的倾向，在学术权威崩塌之后，知识的生产和应用已经弥散到社会的各个角落（见表 1-1）。

表 1-1　研究生教育发展的知识逻辑

培养模式	谁的知识	什么知识	如何认知	支配规则
学徒式	师傅个人	缄默知识	经验性	学者即权威
专业式	专业团体	显性知识	专业性	学科即规训
协作式	多元主体	综合知识	系统性	知识去中心化

（二）学科逻辑决定研究生教育发展的结构

1. 研究生教育与学科

学科是一个历史范畴，是在一定历史时期以一定的措辞建构起来的规范化的知识形式（万力维，2005）。作为一种知识的分类形式，学科通常是为了研究的方便和解决实际问题的需要而形成的，它是知识体系和规训方法的统一体（刘贵华，2002）。一方面，学科为人类的知识创新和发展提供重要的基础和结构；另一方面，它又是人类知识生产的产物，是知识主体社会建构的结果。学科与研究生教育具有天然的内在联系，学科是研究生教育的组织形式，而研究生教育又是学科生产和再生产的主要途径。现代大学是以学科为基础建立起来的社会组织。作为知识的组织形式，学科的每次重大变化都会带来研究生教育领域的相应变革。1987 年，全世界有 8530 个可认定的知识领域，到 21 世纪初，学科种类已有 9000 多种（刘小宝，2013）。学科种类的分化和综合不断催生新的研究生教育专业。

研究生教育以知识的生产和创新为使命，而知识又以学科作为自己的分类形式。一方面，研究生和导师都在学科的框架中进行科学探究活动，学科视角是他们探究未知领域时无法摆脱的"有色眼镜"。德国著名社会学家曼海姆（Karl Mannheim）指出，"视角表示一个人观察事物的方式，他所观察到的东西以及他怎样在思想中构建这种东西"（曼海姆，2000）[277]。在对同一问题的研究中，不同学科的研究生关注的是不同的维度。目前，研究生教育中暴露出来的"专业视野过窄"问题，主要是学科逻辑的规约所致。因此，学科具有双重规训的作用，它不仅规训着新知识的生产过程，而且也规训着从事知识生产的学术共同体。另一方面，学科知识的生产和新学科的出现又依赖研究生教育的发展。研究生教育在推进知识创新和新兴学科的诞生方面都发挥了关键作用。因此，学科逻辑在研究生教育中具有基础性的地位，它是研究生教育的存在形式和活动平台。

2. 学科逻辑的表现形式

现代意义上的学科得以产生，主要源于两方面的推动：一是不断提高的科学抽象性，特别是对事物的数学化和概念化；二是科学方法的广泛应用（刘小宝，2013）。出于人类的求知本性，研究者倾向于追问事物的本质和本源是什么，由此不断将个体经验和社会事实进行抽象，并用数字和概念进行表征。在个体经验不断抽象化的过程中，具体领域的学科知识应运而生。同时，随着科学方法的广泛应用和学科知识的不断积累，学科内部也出现了自我增殖的过程，学科的交叉和移植催生出许多新的学科。

学科是研究生教育的组织形式，其内在逻辑涉及学科的研究领域、表征形式、评判标准、生成方式和组织结构等方面。学科的研究领域揭示的是"学什么"的问题。按照法国哲学家福柯（Michel Foucault）的观点，在不同的历史条件下，什么知识能够进入研究者的视野通常会受到社会关系的制约。从中世纪神学的崇高地位，到近现代自然科学的霸权地位，背后都有社会权力的运作。学科的表征形式揭示的是"知识如何组织"的问题。学科实际上是知识的一套编码体系，同样的知识在不同的学科体系中可能处于不同的位置，而支配学科形式规则的通常是社会的精英阶层。在本质主义思维范式下，学科通常按照知识的内在逻辑层层递进、分门别类地进行编排；而在反本质主义思维范式下，学科的表征形式就会转变为散布于各个问题的扁平化组织形式。学科的评判标准揭示的是"知识准入"的问题。在学科的发展过程中，学科标准通常发挥"守门人"的角色，既接受或拒斥新知识的进入，又整合或规训内部已有知识。学科的生成方式揭示的是"学科如何发展"的问题。学科处于一种动态的发展过程中，在学科的基本范式不变的情况下，会不断有新知识的进入和旧知识的淘汰。自然科学在实证主义的研究范式下，不仅知识总量急剧增加，而且新兴学科也大量涌现。学科的组织结构揭示的是"在何种架构下运作"的问题，组织结构既是学科进行知识生产的制度保障，又是学科长期实践的制度化产物。从专业式研究生院的兴起到围绕重大问题建立的跨学科研究中心，学科组织结构的变化直接引发了研究生教育形式的转变。

3. 学科逻辑与研究生教育发展

学科逻辑经历了前学科、学科化和超学科三个发展阶段，此种逻辑也推动着研究生教育的深刻转型。在前学科阶段，研究生教育关注的是抽象概念和永恒原则，所有的知识都可以归结到哲学和神学的旗帜之下，学科的表征形式表现出原始的统一，这一阶段，研究生教育的主要载体是本科教育和研究生教育尚未分化的大学院系（见表1-2）。在学科化阶段，研究生教育关注的是科学事实，在本质主义和实证主义思维的支配下，原本的哲学知识已经分化为种类繁多的自然科学和人文社会科学知识，学科的表征形式表现出分门别类、不断细化的趋势。学科的评判标准也更多地强调科学性和实证性，理工科研究生教育在这一时期的迅速发展便是例证。这一时期的研究生教育更多地强调专业知识的习得和专业能力的养成，是一种从知识到实践的培养方式，而研究生教育的主要载体是大学的专业研究生院（见表1-2）。在超学科阶段，研究生教育关注的是具体问题，原本条块分隔的不同学科知识开始汇聚到同一实践问题的旗帜之下，学科的边界变得更加模糊，其表征形式表现出高度融合的趋势。评判学科知识的标准开始转变为实践性和实用性，在知识的生成上也更多地以问题为导向。此种研究生教育的主要载体是各种跨学科研究中心和研究项目（见表1-2）。2012年，我国启动的"2011计划"就是以国家亟须解决的重大问题为指向，突破高校内部与外部的体制机制壁垒，改变研究生教育和科研分散、封闭、低效的现状，释放人才、资源等创新要素的活力。研究生教育发展越来越强调跨学科和超学科的研究。

表1-2 　研究生教育发展的学科逻辑

发展阶段	研究领域	表征形式	学科标准	生成方式	主要载体
前学科	永恒原则	原始统一	抽象性	理性思辨	大学院系
学科化	科学事实	分门别类	科学性	知识习得	研究生院
超学科	具体问题	高度整合	实践性	问题导向	研究中心

（三）社会逻辑决定研究生教育发展的模式

1. 研究生教育与社会

研究生教育是社会活动的一部分，它经历了从社会的边缘走向中心的发展历程。社会的价值取向和结构功能的变化会引发研究生教育的相应变革。现代的研究生教育与社会的关系变得更加密切，大学、政府、企业和社会以一种相互嵌入的网络化存在方式获得自身的发展。社会的生产方式决定着研究生教育的发展模式和组织形式，社会的发展是研究生教育发展的重要动力。美国学者丹尼尔·贝尔（Daniel Bell）就指出，从工业社会向后工业社会的转变主要表现为以下三个方面：一是"轴心原则"的转变，它主要表现为社会对科学日益增长的依赖性；二是经济形态的转变，它主要表现为商品制造经济转变为服务经济；三是阶层结构的转变，它主要表现为出现了技术和专业人员的新阶层（贝尔，1985）。2012 年，《华尔街日报》刊登的《科技变革即将引领新的经济繁荣》一文大胆预测："我们再次处于三场宏大技术变革的开端，它们可能足以匹敌 20 世纪的那场变革，这三场变革的震中都在美国，它们分别是大数据、智能制造和无线网络革命。"（Mills，Ottino，2012）这种社会发展的趋势要求研究生教育在发展目标、功能定位和培养模式等方面做出相应调整。

2. 社会逻辑的表现形式

社会逻辑主要是探求行动背后的社会意义和支配原则，研究生教育作为一种人类实践活动，它首先需要回答自己的价值取向问题。研究生教育哲学中同样存在认识论和政治论之争，因而在不同的社会背景下出现了"为学术而学术"以及"为市场而学习"的研究生教育模式。学术型和专业型研究生教育的争论，也反映了它们各自在价值取向上的不同社会逻辑。其次，研究生教育需要回答自己的结构功能问题。从研究生教育作为一种社会的特权，到研究生教育的分流筛选功能，不同的社会结构功能决定了研究生教育的形式和结果。再次，研究生教育需要回答自己的行动模式问题。行动受制于特定的社会结构，因而英国著名社会学家吉登斯

（Anthony Giddens）提出了"结构化行动"的概念，既强调了结构对于行动的制约性，又强调了结构的生成性（吉登斯，1998）。在不同的社会结构下，会出现不同的行动模式。在分工明确、追求效率的工业生产模式下，研究生教育就会摒弃以人格陶冶、学术旨趣为追求的传统培养模式，转而强调研究生教育的标准化和批量化生产模式。最后，研究生教育的社会逻辑需要关注教育与生活世界的关系问题。从研究生教育与生活世界的分隔到二者的高度融合，研究生教育也从"出世"的学术探究，转变为"入世"的学术探究。美国 1995 年发布的《重塑科学家和工程师的研究生教育》（*Reshaping the Graduate Education of Scientists and Engineers*）就指出，研究生需要具备与非专业人士沟通复杂思想的能力以及有效的团队合作能力（Committee on Science，Engineering，and Public Policy，1995）。

3. 社会逻辑与研究生教育的发展

根据贝尔的观点，人类社会经历了前工业社会、工业社会到后工业社会的转变。在此种社会逻辑下，研究生教育也出现了相应的变化。在前工业社会中，研究生教育的价值取向以追求对事物的理性认识为目标。研究者期望把握世界最普遍、最一般的规律，因而把哲学作为毕生的追求。从结构功能上看，此时的研究生教育主要是精英阶层的特权，研究生教育的主要功能是将他们的社会地位合法化，并发挥法国社会学家布迪厄（Pierre Bourdieu）所说的"区隔"（distinction）功能，将他们与普通下层民众的区别固定化。从行动模式上说，此时的研究生教育是一种田园式的教育方式，以陶冶精神和追求真理为主要内容，因而在社会关系上表现出对生活世界的超脱（见表 1-3）。在工业社会中，研究生教育的价值取向以追求专业知识为目标，主要是培养"以学术为业"的学者。研究生教育在结构功能上发挥筛选的作用，研究生教育通常被作为学术行业的"入场券"。从行动模式上说，研究生教育复制了工业化社会的普遍模式，采用福特制（Fordism）的方式将研究生教育的内容、方式和评价等进行标准化处理，以提高研究生培养的效率。在研究生教育与生活世界的关系上，仍然存在知识与实践的分离，研究生教育成为知识生产工厂（见表 1-3）。在后工业社会，知识已经渗透到社会生活的各个角落，研究生教育不再以外在的功利性追求为目标，而是转向个体的生活体验和人格发展。个人在研究生教育中实现自我的发展。从结构功能上说，科学探究已经成为人们的生活方式，不再是特定阶层和特定行业的特权。在此种背景下，研究生教育更多地发挥"成人"的功能。在行动模式上，这一阶段的研究生教育具有体验性、过程性、不可还原性的特点，因而具有"传记性"的特征（熊和平，2004）。从研究生教育与生活世界的关系来说，以具体问题为导向的探究模式实现了二者的融合（见表1-3）。

表1-3　研究生教育发展的社会逻辑

发展阶段	价值取向	结构功能	行动模式	社会关系
前工业社会	理性认识	区隔	田园式	超脱
工业社会	专业知识	筛选	福特制	分离
后工业社会	个体发展	"成人"	传记性	融合

（四）创造逻辑决定研究生教育发展的动力

1. 研究生教育与知识创造

好奇心是人类与生俱来的秉性，从古希腊的"爱智慧"到现代的科学探测工程，人类对于未知领域的渴求和探究推动着人类认识水平不断提高。研究生教育的主要任务是探究不确定的知识领域，而"不确定性"对于人类行为来说意味着超越和创造。诚如米塞斯（Ludwig Mises）所言："从行为人看来，未来总是一个谜。如果人知道未来，他就必须选择，也不要行为。他就像一具自动机，只对刺激起反应，而没有他自己的任何意志。"（米塞斯，1991）[167]外在的不确定性与人的"未完成性"是相辅相成的，它们为人的自由探究创造了先决条件。研究生教育的发展与变革归根结底受到了人的创造本能的驱使，因而研究生教育的逻辑起点就是人类的求知本能。如果人类的本性和所处的环境如动物一样是"规定性"的，他们就不可能去探究未知领域，因而也就不可能有研究生教育。

追求自我实现是个体发展的最高需求。接受研究生教育的人通常是心智比较成熟的成年人，他们的个体需求更多地表现在自我价值的实现上。

他们倾向于对事物做出自己独立的判断，创造出属于自己的产品，这也体现了马克思所说的人的本质观。在马克思主义看来，实践是人的存在方式，人在社会实践中并通过社会实践创造了人本身。实践作为主观见之于客观的活动，它通过主体本质力量的对象化，创造出一个超出事物现实、更适合自身生存和发展需要的新世界。个体发展的这种内在需求和本质规定性决定了研究生教育不可能以传授人类已知的基础性知识为主要目标，而是要充分发掘个体创新的潜能，实现个体价值的最大化。正如泰勒（Anne Taylor, 1976）所说，"最优秀的研究生首先会把科研项目作为展示自身生活的平台。他们所做的任何研究都成为一种象征，所包含的意义超过了生活本身"。

2. 创造逻辑的表现形式

创造是个体在占有人类知识资源的基础上，通过主体的对象化活动生成新事物的社会实践活动，它涉及行动者、行动方式、人际关系和制度环境四个要素。从行动者来说，主体的独立性和能动性是创造活动的首要因素。过于依赖教师的学生很难形成自己独特的看法，这就是研究生教育为何要强调独立从事研究的重要性。此外，个体创造的水平也有层次之分，考夫曼（James Kaufman）等人就提出了四种创造力模型，即学习过程中的"微创造"（mini-c）、日常生活中的"小创造"（little-c）、专业领域中的"真创造"（pro-c）和杰出人才的"大创造"（big-c）（Kaufman, Beghetto, 2009）。研究生的创造更多地体现在专业领域的创造，以及为"大创造"奠定基础的创造性活动。从行动方式上来说，创造需要对原有的生产要素进行重组，因而它包含了一个内化、解构和建构的过程。行动者需要在充分理解原有规则和结构的基础上，解构原有的体系，从而创造性地构建出新的事物。从体现研究生学术创造的学位论文来说，它的创作也经历了对学科规范的内化、对现有研究的综述、对论文结构的构建以及对创新成果的呈现等几个阶段。从人际关系来说，作为一种实践活动的创造是在人与人之间的关系中进行的，这是人类实践活动的本质特征。个体在进行创造活动时需要有外部的变革促进者，但是外部的力量又不能越俎代庖，保持创造者与外部促进者之间必要的张力是创造成果的重要条件。美国学者凯茨（Joseph Katz）等人就指出，"大部分研究生都把与导师的关系作为影响自己教育质量的唯一最重要因素，然而许多研究生也声称这是自己研究生教育经历中唯一最令人失望的方面"（Bargar，Mayo-Chamberlain，1983）。从制度环境来说，创造是在原有的行动框架中进行的规则重建活动，制度环境对个体行动的约束是影响创造的关键因素。开放的制度环境就比保守的制度环境更有利于创造。

3. 创造逻辑与研究生教育发展

从研究生个体的教育经历来看，它通常经历了模仿、改造和创新三个阶段，这是创造逻辑对研究生教育阶段的本质规定性。在研究生教育的初期，学生处于模仿阶段，他们此时对于研究生教育的规则体系和导师还处于依附状态。在面对不确定的专业知识领域时，他们只能从此种依附状态中规避各种风险。他们的学习方式更多是内化专业领域的规则，所做的创造也只是学习过程中的"微创造"。从人际关系上说，导师的指导是一个关键的因素，但此时的指导方式是一种韦伯所说的魅力型（charismatic）领导，学生对学术规则的内化更多地借助于对导师行为方式的模仿。从制度环境上说，这一阶段的学生与外部环境处于一种黏着状态，制度环境被视为一种理所当然的内在假设，并作为一种无意识作用于自己的行动（见表1-4）。在研究生教育的中期，学生处于改造阶段，他们此时的主体性逐渐彰显，并开始与原有的规则体系分离。学习方式上，研究生开始按照自己的思想和观点对现有的学科知识进行整合。这一阶段的导师指导依靠的是长期专业化实践形成的规则和习俗，因而是一种传统型的领导。从制度环境上说，研究生在实践反思的基础上开始从既定的环境中抽离出来，并以新的视角审视原有的学科构架（见表1-4）。在研究生教育的后期，学生处于创新阶段，他们此时已经形成了独立的思想和观点，学习方式也以知识建构为导向。从导师指导来说，此时的研究生与导师结成了科研同伴的关系，因而此种指导是一种法理型的领导。从制度环境上说，此时的研究生常常处于松散的结构中，他们可以自由地进行知识和结构的重建（见表1-4）。从研究生的教育经历来说，创造逻辑要求导师为学生提供个别化和人性化的制度环境。2009年，英国发布的《博士生训练与发展准则》

（*Postgraduate Training and Development Guidelines 2009*）就鼓励双导师制或导师小组制，尤其是从事跨学科研究的博士生，导师可以是跨系或跨部门的联合（沈文钦，王东芳，2010）。

表1-4　研究生教育发展的创造逻辑

教育阶段	主体特征	学习方式	指导方式	制度环境
模仿	依附	内化	魅力型	黏着
改造	分离	整合	传统型	抽离
创新	独立	建构	法理型	松散

（五）研究生教育发展遵循"钟摆定律"

知识逻辑、学科逻辑、社会逻辑和创造逻辑作为研究生教育发展的内在逻辑，并不是相互独立的运作系统，而是相互嵌套成一种结构化的网络体系。四种逻辑具有内在的延续性和发展的不同步性，从一个阶段到另一个阶段并不是范式的彻底转型，而是范式的拓展和重建。重视协作式研究生教育，并不否定学徒式研究生教育；而前学科阶段的范式也可能会出现在后工业社会中。

知识是研究生教育的对象和内容，学科是研究生教育的形式和结构，社会是研究生教育的背景和根基。在研究生教育的发展过程中，这三种逻辑在不同时期处于不同的地位。在研究生教育发展的初期，知识逻辑是一种显性结构，而学科逻辑和社会逻辑则是一种隐性结构，研究生教育是为了探究真理而存在，而发展的动力主要来自于知识的变革。在研究生教育发展的正式化阶段，学科逻辑是一种显性结构，而知识逻辑和社会逻辑则是一种隐性结构，研究生教育主要是为了培养专门的知识生产者而存在，而发展的动力主要来自于学科类别和范式的转变。在研究生教育发展的社会化阶段，社会逻辑是一种显性结构，而知识逻辑和学科逻辑则是一种隐性结构，研究生教育主要是为了社会发展而存在，而发展的动力主要来自于社会需求的变化。因此，研究生教育经历了一个从学科知识驱动到社会创新驱动的发展过程。

　　研究生教育的发展是一个动态的过程，它遵循由学科、知识、社会和创造四种逻辑组成的"钟摆定律"（见图1–1）。知识逻辑和学科逻辑可以归结为学术逻辑，在研究生教育的发展过程中，学术逻辑和社会逻辑的交替运动是研究生教育发展的原动力，而作为学术逻辑和社会逻辑钟摆"悬点"的是不断变化的社会实践问题（即创造逻辑的驱动），因而创造逻辑是研究生教育发展的原点和动力。当学术研究脱离社会需求时，研究生教育就会从学术逻辑一端慢慢移动到社会逻辑一端，然而当学术研究过于社会化时，研究生教育又会慢慢向学术逻辑一端运动，最终达到动态的平衡。每次动态平衡的实现都会推进作为悬点的社会实践问题的解决，而这从根本上说都是由创造逻辑推动的。

　　学术逻辑和社会逻辑的钟摆运动是在创造逻辑的推动下解决具体问题的过程。创造逻辑的核心是由知识创新和知识应用组成的双螺旋模型（见图1–2）。创新从本源上说是将新的事物引入原有结构的过程，创新的判断标准不仅要看它的新颖性，而且要看它给实践带来的变化（Zaltman，Lin，1971）。这就是说创新是一个新知识提出和运用的过程。研究生教育也正是在知识生产和运用的过程中获得不断发展，因此研究生教育不仅要强调知识的原创性，而且要强调学术的可转化性，并以转化的成果作为进一步推进知识创新的基础。

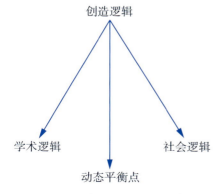

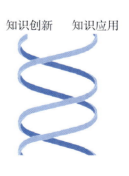

图1–1　研究生教育发展逻辑的钟摆定律　　图1–2　研究生教育发展的双螺旋模型

研究生教育是一种专业教育，但同时又是一种学术探究活动。深化研究生教育改革需要把握研究生教育发展的规律，依据知识逻辑、学科逻辑和社会逻辑的内在要求动态调整研究生教育的内容、结构和模式。在内容调整上，需要扩充学术的概念和范围，按照美国学者博耶（Ernest Boyer，1990）提出的"发现的学术、整合的学术、应用的学术和教学的学术"合理确定研究生教育的内容，探索实践性知识和缄默知识外显化的有效途径。在结构调整上，需要准确把握学科分化和整合的趋势，强调学科逻辑和问题逻辑的辩证统一，既要重视学科框架在探究问题时的基础性，又要破除学科壁垒，围绕具体实践问题构建知识体系。在模式调整上，需要根据社会结构和生产方式的变革构建研究生教育发展的模式，保持研究生教育与社会需求之间必要的张力。研究生教育的发展归根到底受制于创造逻辑，它既是研究生教育存在的合法性基础，又是研究生教育发展的第一推动力。创造逻辑要求研究生教育以具体的问题为导向，以知识的创新和应用为核心，对于学术型和专业型研究生教育来说都是如此。

二、中国研究生教育的发展进程

2012 年，我国研究生教育在减少增量的基础上继续优化结构，在培养质量和发展质量上均呈现出良好态势。从研究生教育的规模、结构、条件和质量上看，2012 年我国研究生教育的发展取得了新的进展。

（一）研究生教育规模稳步发展

1. 研究生招生规模稳步增长

（1）研究生招生规模逐年递增，硕士研究生招生增速较快

2012 年我国共招收 714496 名研究生，博士研究生和硕士研究生分别为 68781 人和 645715 人，分别占招生总数的 9.63% 和 90.37%。就博士研究生而言，学术学位博士研究生录取 66596 人，专业学位博士研究生录取 2185 人，分别占博士研究生招生总数的 96.82% 和 3.18%；就硕

士研究生而言，学术学位硕士研究生录取 326244 人，专业学位硕士研究生录取 319471 人，分别占硕士研究生招生总数的 50.52% 和 49.48%（见图 1-3）。

图 1-3　**2012 年我国研究生招生规模**

注：1. 除特别说明之外，本报告中招生、在校生和学位授予数据均不包括军事学。

　　2. 招生数含在职联考招生数据。下同。

【数据来源】根据教育部发展规划司、国务院学位委员会办公室提供的数据整理。

从 2007 年到 2012 年，我国研究生招生人数从 528536 人增加到 714496 人，年均递增 6.21%；其中，博士研究生招生人数从 58022 人增加到 68781 人，年均递增 3.46%；硕士研究生招生人数从 470514 人增加到 645715 人，年均递增 6.54%。硕士研究生招生人数年均增长率高于博士研究生，从图 1-4 可见硕士研究生招生人数的变化曲线比较陡峭。

图 1-4　2007—2012 年我国研究生招生规模变化

【数据来源】根据教育部发展规划司提供的数据整理。

（2）研究生招生仍以学术学位研究生为主，工学招生所占比重最大

2012 年我国共招收学术学位研究生 392840 人，其中学术学位博士研究生 66596 人，占总人数的 16.95%；学术学位硕士研究生 326244 人，占总人数的 83.05%。在 2012 年我国招收的学术学位研究生中，工学招生所占比重最大（36.85%），其次是理学（14.80%），这两个学科学术学位研究生招生人数之和占比达 51.65%（见图 1-5）。

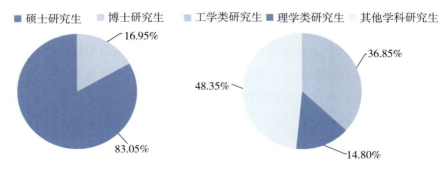

图 1-5　2012 年我国硕士、博士招生人数占比及各学科门类研究生招生规模

注：教育部学位与研究生教育发展中心组织的学科评估不包含军事学门类，故本图不包含军事学门类数据。

【数据来源】根据教育部发展规划司提供的数据整理，不含军事学门类。

（3）专业学位研究生招生范围和规模逐步扩大

2012 年我国共招收专业学位博士研究生 2185 人，其中临床医学最多（1645 人），约占 75.29%，其次分别为口腔医学（191 人）、工程（178 人）、教育（165 人）及兽医（6 人）。2012 年我国共招收专业学位硕士研究生 319036 人，其中招生人数排在前三位的学科分别为工程（135896 人）、工商管理（33619 人）、口腔医学（23258 人），招生人数排在后三位的学科分别为出版（190 人）、警务（101 人）、农业推广（92 人）（见图 1-6 和表 1-5）。

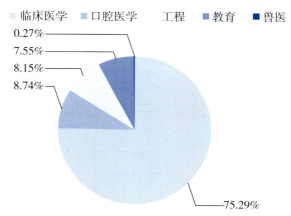

图 1-6　2012 年专业学位博士研究生分学科门类的招生规模

【数据来源】根据教育部发展规划司、国务院学位委员会办公室提供的数据整理。

表 1-5　2012 年专业学位硕士研究生分学科门类的招生规模

专业学位类别	人数（人）	比例（%）
金融	3502	1.10
应用统计	1083	0.34
税务	614	0.19
国际商务	1331	0.42
保险	570	0.18
资产评估	734	0.23
法律	18296	5.73
社会工作	1851	0.58

续表

专业学位类别	人数（人）	比例（%）
警务	101	0.03
教育	22093	6.92
体育	4117	1.29
汉语国际教育	3273	1.03
应用心理	741	0.23
艺术	8430	2.64
翻译	5799	1.82
新闻与传播	1843	0.58
出版	190	0.06
文物与博物馆	447	0.14
建筑学	1240	0.39
工程	135896	42.60
农业推广	92	0.03
兽医	16183	5.07
风景园林	1359	0.43
林业	1977	0.62
临床医学	316	0.10
口腔医学	23258	7.29
公共卫生	1297	0.41
护理	1999	0.63
医学	237	0.07
药学	677	0.21
中药学	723	0.23
工商管理	33619	10.54
公共管理	15776	4.94
会计	7216	2.26
旅游管理	458	0.14
图书情报	354	0.11
工程管理	1344	0.42

【数据来源】根据教育部发展规划司、国务院学位委员会办公室提供的数据整理。

2009 年，《教育部关于做好 2009 年全日制专业学位硕士研究生招生计划安排工作的通知》（教发〔2009〕6 号）、《教育部关于做好全日制硕士专业学位研究生培养工作的若干意见》（教研〔2009〕1 号）以及《教育部关于做好 2010 年招收攻读硕士学位研究生工作的通知》（教学〔2009〕12 号）提出要在已下达研究生招生计划的基础上，增加全日制专业学位硕士研究生 5 万名，并从全日制硕士专业学位研究生教育的重要性、创新培养模式、组织实施工作三个维度对全日制硕士专业学位研究生教育做了具体阐述和部署，提出 2010 年新增招生计划主要用于全日制专业学位研究生招生，各具有专业学位授予权的招生单位应以 2009 年为基数按 5%—10% 减少学术型硕士研究生招生人数，调减出的部分全部用于增加专业学位研究生招生名额。2010 年，《教育部关于做好 2011 年招收攻读硕士学位研究生工作的通知》（教学〔2010〕7 号）指出 2010 年学术型硕士研究生招生规模按原则上不少于 5% 的比例调至专业学位，专业学位硕士研究生招生范围和规模进一步扩大。

2. 在校研究生规模稳步增长

（1）硕士在校研究生规模增速大于博士在校研究生规模增速

2012 年我国在校研究生共 1718948 人，其中博士在校研究生 283615 人，占 16.50%；硕士在校研究生 1435333 人，占 83.50%。博士在校研究生中，学术学位博士研究生占 97.91%，专业学位博士研究生占 2.09%；硕士在校研究生中，学术学位硕士研究生占 69.09%，专业学位硕士研究生占 30.91%（见表 1-6）。

表 1-6　2012 年我国在校研究生的规模和结构

		学术学位	专业学位	合计
博士研究生	人数（人）	277695	5920	283615
	比例（%）	97.91	2.09	100
硕士研究生	人数（人）	991618	443715	1435333
	比例（%）	69.09	30.91	100
合计	人数（人）	1269313	449635	1718948
	比例（%）	73.84	26.16	100

【数据来源】根据教育部发展规划司提供的数据整理。

从 2007 年到 2012 年，我国在校研究生人数从 1195047 人增加到 1718948 人，年均递增 7.51%；其中，博士研究生在校人数从 222508 人增加到 283615 人，年均递增 4.97%；硕士研究生在校人数从 972539 人增加到 1435333 人，年均递增 8.10%。硕士研究生在校人数年均增长率高于博士研究生（见图 1-7），硕士研究生在校人数变化曲线比博士研究生在校人数变化曲线陡峭。

图 1-7　2007—2012 年在校研究生规模变化

（2）在校研究生以学术学位研究生为主，工学和理学在校研究生占总数的比例过半

2012 年我国学术学位在校研究生共 1269313 人，在各学科门类中，工学在校研究生最多（481064 人），占总数的 37.90%；其次是理学研究生（180330 人），占总数的 14.21%。这两个学科学术学位研究生招生人数之和为 661394 人，占比达 52.11%（见表 1-7）。

表1-7　**2012年学术学位研究生分学科门类的在校生规模**

学术学位 ＼ 数量 ＼ 学科门类		哲学	经济学	法学	教育学	文学	历史学	理学	工学	农学	管理学	合计
博士研究生	人数（人）	3612	12507	14858	4606	9931	4042	49218	116021	11975	23407	277695
	比例（%）	1.30	4.50	5.35	1.66	3.58	1.46	17.72	41.78	4.31	8.43	100
硕士研究生	人数（人）	11470	47151	72330	39947	69335	13002	131112	365043	34901	81183	991618
	比例（%）	1.16	4.75	7.29	4.03	6.99	1.31	13.22	36.81	3.52	8.19	100
合计	人数（人）	15082	59658	87188	44553	79266	17044	180330	481064	46876	104590	1269313
	比例（%）	1.19	4.70	6.87	3.51	6.24	1.34	14.21	37.90	3.69	8.24	100

【数据来源】根据教育部发展规划司、国务院学位委员会办公室提供的数据整理。

（3）在校专业学位博士研究生中医学博士居多，在校专业学位硕士研究生中工程硕士最多

2012年我国专业学位博士研究生在校人数为5920人，其中临床医学最多（4465人），占75.42%，其次分别为口腔医学（752人）、教育（475人）、工程（198人）及兽医（30人）；2012年我国在校专业学位硕士研究生443280人，其中人数排在前三位的学科分别为工程（131559人）、工商管理（92152人）、口腔医学（57692人），人数排在后三位的学科分别为出版（426人）、警务（241人）、农业推广（94人）（见表1-8）。

表1-8　**2012年专业学位研究生分学科门类的在校生规模**

	学科门类	人数（人）	比例（%）
博士研究生	临床医学	4465	75.42
	口腔医学	752	12.70
	教育	475	8.02
	工程	198	3.35
	兽医	30	0.51

	学科门类	人数（人）	比例（%）
硕士研究生	金融	5903	1.33
	应用统计	1864	0.42
	税务	996	0.22
	国际商务	2412	0.54
	保险	981	0.22
	资产评估	1251	0.28
	法律	30265	6.83
	社会工作	3523	0.79
	警务	241	0.05
	教育	19321	4.36
	体育	4913	1.11
	汉语国际教育	7145	1.61
	应用心理	1356	0.31
	艺术	13757	3.10
	翻译	10643	2.40
	新闻与传播	3094	0.70
	出版	426	0.10
	文物与博物馆	691	0.16
	建筑学	3258	0.73
	工程	131559	29.68
	农业推广	94	0.02
	兽医	8316	1.88
	风景园林	1270	0.29
	林业	1885	0.43
	临床医学	516	0.12
	口腔医学	57692	13.01
	公共卫生	3363	0.76
	护理	1069	0.24

续表

	学科门类	人数（人）	比例（%）
硕士研究生	医学	462	0.10
	药学	1121	0.25
	中药学	1489	0.34
	工商管理	92152	20.79
	公共管理	17739	4.00
	会计	8629	1.95
	旅游管理	811	0.18
	图书情报	556	0.13
	工程管理	2517	0.57

【数据来源】根据教育部发展规划司、国务院学位委员会办公室提供的数据整理。

3. 研究生学位授予规模在授权点数量调整中稳步增加

（1）一级学科授权点大幅增加，二级学科授权点大幅减少

教育部 2011 年发布的《关于按〈学位授予和人才培养学科目录〉进行学位授权点对应调整的通知》（学位办〔2011〕25 号）明确规定："对于以原目录现有二级学科学位授权点为基础，申请对应调整为新目录中一级学科学位授权点的，若经学科评议组审议同意则予以调整，其现有二级学科学位授权点自动撤销，若不予调整，仍保留现有二级学科学位授权点。"因此，出现一级学科授权点增加，而二级学科授权点大幅减少的现象。2007—2012 年，一级学科博士学位授权点从 2007 年的 1378 个增加到 2012 年的 2811 个，增加了 1433 个；一级学科硕士学位授权点从 2007 年的 3459 个增加到 2012 年的 5734 个，增加了 2275 个，增幅较大。二级学科博士学位授权点从 2007 年的 1736 个减少到 2012 年的 552 个，减少了 1184 个；二级学科硕士学位授权点从 2007 年的 10006 个减少到 2012 年的 2742 个，减少了 7264 个（见图 1-8）。

图1-8　**2007年与2012年学术学位授权点类别与规模**

【数据来源】根据国务院学位委员会办公室提供的数据整理。

（2）专业学位授权类别更加全面

我国从1991年开始实行专业学位教育制度，经过二十几年的努力和建设，专业学位教育迅速发展，取得了显著成绩。2012年我国专业学位博士授权类别包括教育、工程、兽医、临床医学及口腔医学五类，其中招生人数最多的是临床医学，占总数的75.29%（见图1-6）。

从1991年到2000年，我国总共发展了工商管理硕士、建筑学硕士、教育硕士、临床医学硕士、工程硕士、农业推广硕士、兽医硕士、体育硕士、公共管理硕士、口腔医学硕士、法律硕士11个专业学位硕士授权类别。2000年之后新增了税务硕士、国际商务硕士、保险硕士、艺术硕士、翻译硕士等29个专业学位硕士授权类别。到2012年，我国专业学位硕士授权类别共39个，其中招生人数最多的是工程硕士，占总数的42.60%（见表1-5）。

"服务国家特殊需求人才培养项目"学士学位授予单位开展培养专业学位硕士研究生试点工作的单位数量共64个，其中最多的为工程硕士（26个），其次分别为教育硕士（7个）、临床医学硕士（3个）、社会工作硕士（3个）（见表1-9）。

表 1-9　培养专业学位硕士研究生试点工作单位数量分布

专业硕士学位类别	单位数量（个）
工程硕士	26
教育硕士	7
临床医学硕士	3
社会工作硕士	3
法律硕士	2
会计硕士	2
金融硕士	2
警务硕士	2
农业推广硕士	2
审计硕士	2
药学硕士	2
艺术硕士	2
翻译硕士	1
工商管理硕士	1
公共管理硕士	1
汉语国际教育硕士	1
护理硕士	1
旅游管理硕士	1
税务硕士	1
文物与博物馆硕士	1
新闻与传播硕士	1

【数据来源】中国学位与研究生教育信息网，网址为 http：//www.cdgdc.edu.cn/xwyyjsjyxx/ xwsytjxx/yxmd/275084.shtml。

（3）研究生学位授予总量增长，其中硕士学位授予数量增长速度快于博士学位

2012 年，我国研究生学位授予总量为 621549 个，其中博士、硕士学位授予数量分别为 56338 个和 565211 个，分别占 9.06％和 90.94％。学术

学位授予数量为 420176 个，专业学位授予数量为 201373 个，分别占 67.60% 和 32.40%（见图 1-9）。

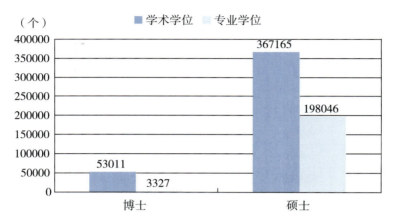

图 1-9 2012 年博士、硕士学位授予规模

【数据来源】根据国务院学位委员会办公室提供的数据整理。

从 2007 年到 2012 年，我国硕士学位授予总量从 307746 个增加到 565211 个，增加了 257465 个，增长率达 83.66%（见图 1-10）。

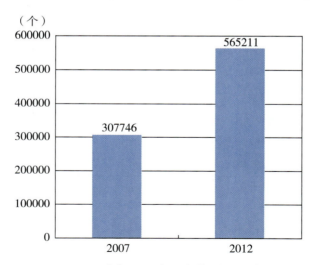

图 1-10 2007 年与 2012 年硕士学位授予规模变化

【数据来源】根据国务院学位委员会办公室提供的数据整理。

（4）工学和理学研究生学位授予数位居前两位

按学科门类分，2012 年我国研究生学位授予数最多的为工学学位。就博士学位授予数量而言，最多的为工学（19376 个），占 34.39%，其次为理学（10209 个），占 18.12%；就硕士学位授予数量而言，最多的为工学（128435 个），占 22.72%，其次为理学（40618 个），占 7.19%（见表 1-10）。

表 1-10　研究生学位授予数量的学科分布

		工学	理学	其他学科
博士学位	学位授予数（个）	19376	10209	26753
	占博士学位授予总数的百分比(%)	34.39	18.12	47.49
硕士学位	学位授予数（个）	128435	40618	396158
	占硕士学位授予总数的百分比(%)	22.72	7.19	70.09

注：教育部学位与研究生教育发展中心组织的学科评估不包含军事学门类，故本表不包含军事学门类数据。

【数据来源】根据国务院学位委员会办公室提供的数据整理。

4. 研究生就业规模大，就业率超过 80%

2011 年我国研究生毕业人数为 420636 人，其中博士毕业生和硕士毕业生分别为 48943 人、371693 人。2011 年我国研究生就业人数为 353609 人，平均就业率为 84.07%，其中博士毕业生就业率为 85.58%，硕士就业率为 83.87%（见表 1-11）。

表 1-11　2010 和 2011 年研究生就业情况统计

年　份	毕业生		就　业			
	博士（人）	硕士（人）	博士		硕士	
			就业数（人）	就业率（%）	就业数（人）	就业率（%）
2010	46947	332962	41427	88.24	279403	83.91
2011	48943	371693	41885	85.58	311724	83.87

【数据来源】根据国务院学位委员会办公室提供的数据整理。

（二）学科建设得到进一步加强

1. 一级学科门类增设了艺术学，二级学科数量增加

2011 年，国务院学位委员会、教育部公布了新的《学位授予和人才培养学科目录（2011 年）》。艺术学成为与哲学、经济学、法学、教育学、文学、历史学、理学、工学、农学、医学、军事学、管理学并列的第 13 大学科门类。二级学科由 89 个增加到 110 个。例如一级学科增设了法学类的公安学，理学类的生态学和统计学，农学类的草学，历史学类的考古学、中国史和世界史，医学类的特种医学等 24 个一级学科。减少了文学类的艺术学、历史学类的历史学、军事学类的军事后勤学与军事装备学这三个一级学科。这是我国 27 年来第四次更新学科专业目录。

目前，我国共设置 5 个博士专业学位，分别为教育博士、兽医博士、临床医学博士、口腔医学博士、工程博士。硕士专业学位学科点有 39 个，包括教育、工商管理、公共管理等学科专业。

2. 重点学科、重点实验室建设稳步推进

（1）重点学科建设逐步加强

重点学科建设不仅对带动高等教育整体水平提高有重要作用，而且对提高国家创新能力、建设创新型国家也具有重要的意义。到目前，我国共组织了三次重点学科的评选工作，第一次重点学科评选时间为 1986—1987 年，共选出 416 个重点学科点（包括 163 个工科学科点、86 个理科学科点、78 个文科学科点、36 个农科学科点及 53 个医科学科点）；我国第二次重点学科评选时间为 2001—2002 年，共评选出 964 个高等学校重点学科点。我国第三次评选工作是在 2006 年，这次重点学科建设工作按照"服务国家目标，提高建设效益，完善制度机制，建设一流学科"的要求，共评选出 286 个一级学科、677 个二级学科、217 个国家重点（培育）学科，调整的重点是在按二级学科设置的基础上，增设一级学科国家重点学科，在突出二级学科国家重点学科的特色的同时，也不忽视一级学科国家重点学科综合优势。

2011 年 1 月 26 日，教育部批准海南大学、西藏大学、青海大学、宁

夏大学、石河子大学五所"211 工程"三期新增大学部分突出学科为二级学科国家重点学科和国家重点（培育）学科。批准外交学院国际关系学科为二级国家重点学科。2011 年 12 月 12 日，教育部批准中央美术学院美术学学科为国家重点学科。

（2）国家重点实验室投入力度加大

国家重点实验室计划于 1984 年由前国家计划委员会制定并开始实施，1998 年开始由科技部负责实施。《国家中长期科学和技术发展规划纲要（2006—2020 年）》提出进一步提高我国自主创新能力，加强国家重点实验室建设。截至目前，国家重点实验室覆盖了中国基础研究和应用基础研究的大部分学科领域。2007 年，为加大对国家重点实验室的稳定支持力度，贯彻落实《国家中长期科学和技术发展规划纲要（2006—2020 年）》，中央财政设立了国家重点实验室专项经费（包括开放运行、自主选题研究和科研仪器设备更新三方面）。截至 2013 年，中央财政累计安排专项经费 173.3 亿元，2013 年安排专项经费 27.48 亿元，用于 292 个国家重点实验室建设，其中，开放运行和自主选题研究经费 20.72 亿元，仪器设备购置和升级改造经费 6.76 亿元。

3. 学科评估更为完善

学科评估是指在对一级学科整体水平进行评估的基础上进行排名，到目前已完成三轮评估。2012 年学科评估按照学科门类特色对人文社科类、理工农医类、管理学门类、艺术学门类、体育学、建筑类、计算机类等分类设置指标体系。指标权重由参与学科声誉调查的 5000 余名专家最终确定，指标体系结构和内容在多次研讨和广泛征求各单位和各方面专家意见的基础上形成。评估模式、程序、方法、指标体系上的不断改进使得学科评估机制变得更为合理。本次一级学科选优评估采用"主观评价与客观评价相结合、以客观评价为主"的指标体系。客观评价指标包括"师资队伍与资源"、"科学研究与创作"和"人才培养质量"，主观评价指标为"学科声誉"。与前两轮学科评估相比，本次评估进行了五个方面的改革：一是强化质量评价，弱化规模与数量；二是突出人才培养质量评价；三是加强国际化指标，鼓励国际交流与合作；四是加强分类评估，突出学科特色；五是进行分层次评估，促进分层次办学。

教育部 2012 年对具有研究生培养和学位授予资格的一级学科进行评估排名，北京大学、清华大学、中国人民大学分别有 16 个、14 个、9 个学科排名第一，位列前三名。

（三）科研参与规模较大

1. 项目研究中研究生参与比例过半

2012 年，974 所设有理、工、农、医类教学专业的高等学校研究与发展项目中，参与的研究生共 462231 人。其中，应用研究项目中参与的研究生人数最多，达 228585 人，其次为基础研究项目，参与的研究生人数为 188342 人，试验发展项目中参与的研究生人数最少（45304 人），各类项目中参与的研究生所占比例如图 1-11 所示。

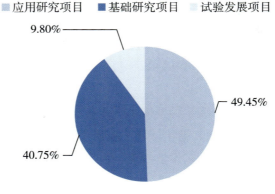

应用研究项目　基础研究项目　试验发展项目

图 1-11　高等学校研究与试验发展项目中研究生的参与情况

【数据来源】教育部科学技术司所编的《2012 年高等学校科技统计资料汇编》。

2012 年国家自然科学基金面上项目中博士生参与人数为 31800 人，硕士生参与人数为 40012 人，面上项目组成人员中博士生占 22.52%，硕士生占 28.33%，博士后占 1.59%；重点项目中博士生参与人数为 2386 人，硕士生参与人数为 1846 人，重点项目组成人员中，博士生占 28.78%，硕士生占 22.27%，博士后占 4.19%。研究生在国家自然科学基金项目中的参与比例过半（见图 1-12）。

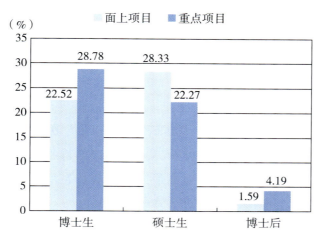

图 1-12　2012 年国家自然科学基金项目组成人员中研究生所占比例

【数据来源】《国家自然科学基金委员会 2012 年度报告》。

2. 全国百篇优秀博士学位论文获奖数略减

为培养和激励在学博士生的创新精神，提高我国博士生培养质量，教育部和国务院学位委员会联合开展了全国优秀博士学位论文评选活动，从 1999 年至今已开展 14 次，优秀博士论文和优秀博士论文提名论文分别有 1369 篇和 2180 篇。按学科门类分，历年全国优秀博士论文中，工学最多（510 篇），军事学最少（12 篇）。2012 年共有 90 篇学位论文入选全国优秀博士学位论文，比 2011 年（97 篇）少 7 篇。

3. 博士学位论文抽查结果不容乐观

为保证博士生培养质量，国务院学位委员会对博士学位论文进行抽检，目前已涉及 11 个学科门类、81 个一级学科。2011 年送评论文 2532 篇，发出评价意见表 7596 份；2011 年"不合格"论文有 174 篇，占当年抽检论文总数的 6.87%，其中两个及以上"不合格"的有 16 篇，占抽检论文总数的 0.63%；按学科门类分，2011 年文学论文一个及以上"不合格"论文所占比例达到了 10% 以上。2012 年送评论文 3707 篇，发出评价意见表 11121 份，抽查结果表明，277 篇论文不合格（占抽检论文总数的 7.47%），其中 32 篇出现两个及以上"不合格"（占抽检论文总数的

0.86%）；按学科门类分，经济学、文学、教育学三个学科均出现一个及以上"不合格"论文所占比例达到10%以上的问题。

(四) 社会服务涉及面广

1. 研究生社会服务涉及行业较广

根据第二次经济普查数据，具有研究生及以上学历人员占从业总数比为1.33%。具有研究生及以上学历人员占比最高的行业是科学研究、技术服务和地质勘查业（6.73%），具有研究生及以上学历人员占比最低的行业是农、林、牧、渔业（0.08%）（见表1-12）。

表1-12　各行业研究生及以上学历人员占比情况

行业大类	具有研究生及以上学历人员占比（%）	行业大类	具有研究生及以上学历人员占比（%）
农、林、牧、渔业	0.08	电力、燃气及水的生产和供应业	1.29
采矿业	0.65	建筑业	0.29
制造业	0.63	科学研究、技术服务和地质勘查业	6.73
交通运输、仓储和邮政业	0.51	水利、环境和公共设施管理业	0.82
信息传输、计算机服务和软件业	5.48	居民服务和其他服务业	0.56
批发和零售业	0.99	教育	4.77
住宿和餐饮业	0.33	卫生、社会保障和社会福利业	2.79
金融业	2.81	文化、体育和娱乐业	2.85
房地产业	1.30	公共管理和社会组织	2.10
租赁和商务服务业	2.72		

【数据来源】我国第二次经济普查数据（普查时期为2008年1月1日至2008年12月31日）。

2. 研究生社会服务涉及机构较广

根据第二次经济普查数据，具有研究生及以上学历人员占比最高的机构类型是外商投资股份有限公司（4.92%），具有研究生及以上学历人员占比最低的机构类型是私营独资企业（0.34%）（见表1-13）。

表1-13 各类机构研究生及以上学历人员占比情况

机构类型	具有研究生及以上学历人员占比（%）	机构类型	具有研究生及以上学历人员占比（%）
国有企业	2.78	私营独资企业	0.34
集体企业	0.47	私营合伙企业	0.77
股份合作企业	0.78	私营有限责任公司	0.69
联营企业	1.06	私营股份有限公司	0.84
国有联营企业	1.49	其他企业	1.21
集体联营企业	0.67	合资经营企业(港、澳、台资)	0.84
国有与集体联营企业	0.80	合作经营企业(港、澳、台资)	0.91
其他联营企业	1.26	港、澳、台商独资经营企业	0.96
有限责任公司	0.95	港、澳、台商投资股份有限公司	1.35
国有独资公司	1.65	中外合资经营企业	1.46
其他有限责任公司	0.87	中外合作经营企业	1.46
股份有限公司	1.46	外资企业	1.73
私营企业	0.60	外商投资股份有限公司	4.92

【数据来源】我国第二次经济普查数据（普查时期为2008年1月1日至2008年12月31日）。

（五）国际交流与合作不断加强

1. 中外联合培养研究生在公派研究生中占主体

为培养具有国际学术视野的教学科研人员，财政部、教育部于2007年联合设立了"国家建设高水平大学公派研究生项目"，这是我国国家公派留学史上的一个具有战略意义的里程碑事件。2012年，"国家建设高水平大学公派研究生项目"共录取6149人，包括2812名博士学位研究生和3337名联合培养博士生。在攻读博士学位研究生中，按留学国别统计，人数从高到低依次为德国460人（占16.36%）、英国323人（占11.49%）、法国301人

（占 10.70%）、美国 298 人（占 10.60%）。在联合培养博士生中，按留学国别统计，人数从高到低依次为美国 2038 人（占 61.07%）、加拿大 275 人（占 8.24%）、英国 230 人（占 6.89%）、澳大利亚 174 人（占 5.21%）。

北京大学选取"国家建设高水平大学公派研究生项目"支持下公派出国联合培养的 500 名博士生为研究样本，其中理工医科 282 人、人文社科 218 人，对其论文发表情况进行调查，调查结果表明 49.70% 的联合培养博士生在外留学期间发表了科研论文或即将发表，发表或即将发表论文数的平均值为 2.20 篇/人；23.25% 的联合培养博士生以本人为第一作者发表了科研论文或即将发表，发表或即将发表论文数的平均值为 1.28 篇/人。

2. 来华留学研究生的规模增加

2012 年来华留学生总人数、生源国家和地区数、我国接收留学生单位数及中国政府奖学金生人数均创新高。共有来自 200 个国家和地区的 328330 名各类来华留学人员，全年在华学习的外国留学人员总数首次超过 32 万人。这些来华留学人员分布在全国 31 个省、自治区、直辖市（不含台湾、香港和澳门）的 690 所高等院校、科研院所和其他教学机构。

从 2007 年到 2012 年，接受学历教育的外国留学生人数增速低于学历教育总人数增速，代表学历教育留学生数变化情况的曲线较为平缓，从 68213 人增加到 133509 人（见图 1-13）。

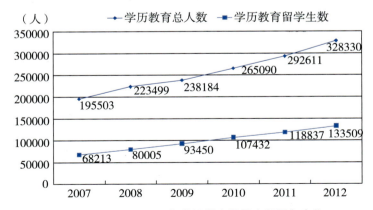

图 1-13　2007—2012 年学历教育留学生数历年变化

【数据来源】历年《中国教育统计年鉴》。

2012 年占来华留学总人数 40.66% 的外国留学生接受学历教育，人数达 133509 人，比 2011 年的 118837 人增加了 14672 人，增长率为 12.35%。在学历教育留学生中，硕士研究生（27757 人）和博士研究生（8303 人）共 36060 人，同比增加 18.71%。到 2012 年，来华留学人员中硕士研究生占学历教育人员的比重从 2007 年的 11.18% 提高到 2012 年的 20.79%，提高了 9.61 个百分点；来华留学人员中博士研究生占学历教育人员的比重从 2007 年的 4.72% 提高到 2012 年的 6.22%，提高了 1.50 个百分点（见表 1-14）。

表 1-14　在学来华留学人员统计

年份	学历教育留学生数（人）			占学历教育人员比重（%）	
	硕士生	博士生	合计	硕士生	博士生
2007	7628	3218	68213	11.18	4.72
2008	10373	3908	80005	12.97	4.88
2009	—	—	93450		
2010	19040	5826	107432	17.72	5.42
2011	23453	6923	118837	19.74	5.83
2012	27757	8303	133509	20.79	6.22

【数据来源】历年《中国教育统计年鉴》。其中 2009 年部分数据缺失。

为吸引更多留学生来华学习，支持研究生阶段学习和承认学分的短期交流，2012 年教育部继续实施"中美人文交流专项奖学金项目"，该项目共向美国高校学生提供 4441 个奖学金名额。根据我国与有关国家之间的教育交流协议和交流计划，2012 年获中国政府奖学金的来华留学生共 28768 名，占来华留学生总数的 8.76%，比 2011 年增加了 3081 人，增长率为 11.99%。这些获中国政府奖学金的来华留学生来自全世界 184 个国家，按来源的大洲统计，人数从高到低分别为亚洲（44 国 15434 人）、非洲（53 国 6717 人）、欧洲（40 国 3906 人）、美洲（34 国 2212 人）、大洋洲（13 国 499 人），占奖学金生总数的比重分别为 53.65%、23.35%、13.58%、7.69%、1.73%。

三、中国研究生教育发展的支撑条件

近几年，我国研究生教育发展条件进一步改善，研究生教育投入机制不断完善，相继出台了促进研究生教育持续健康发展的重要政策文件；研究生导师队伍建设加强，生师比逐渐下降；研究生教育经费增加。不断改善的研究生教育发展条件为全面提升研究生教育质量奠定了坚实基础。

（一）研究生教育投入机制不断完善

由财政部、国家发展改革委、教育部于 2013 年联合发布的《关于完善研究生教育投入机制的意见》（财教〔2013〕19 号）指出，要以改革创新为动力，建立健全以政府投入为主、受教育者合理分担培养成本、高等学校等研究生培养机构多渠道筹集经费的研究生教育投入机制，全面激发研究生教育的活力，促进研究生教育持续健康发展。《国家发展改革委、财政部、教育部关于加强研究生教育学费标准管理及有关问题的通知》（发改价格〔2013〕887 号）指出，为建立健全研究生教育收费制度，规范研究生培养单位的收费行为，维护学生的正当权益，促进高等教育事业持续健康发展，合理确定研究生教育学费标准，研究生学费标准的制定或调整实行属地化管理，加强高等学校研究生教育收费管理。

2013 年，财政部、国家发展改革委、教育部联合发布的《关于完善研究生教育投入机制的意见》（财教〔2013〕19 号）提出了"三位一体"的政策体系，这一政策体系包括完善财政拨款制度、完善奖助政策体系、建立健全收费制度。该文件要求，向所有纳入全国研究生招生计划的新入学研究生收取学费，原则是"新生新办法、老生老办法"，2014 年秋季学期开始实行新的收费制度。对学校而言，新的政策措施实施以后，学校收入将比改革前大幅增加：一是国家财政拨款增加，二是学费收入增加。对学生来说，得到的奖补收入总体来看将明显增加：一是保障研究生基本生活；二是设立了国家奖学金和学业奖学金，加大对优秀研究生的奖励；三是鼓励研究生积极参与教学、科研、管理；四是保证家庭经济困难研究生就学。总体而言，2013 年我国研究生教育政策主要针对培养经费供需矛盾、成本分担机制不健全、奖助政策体系不完善、加强研究生教育学费标准管理等问题提出了一系列具体措施，推动了研究生教育的发展。

（二）研究生导师队伍建设不断加强

1. 硕士研究生导师所占比重最大，但有所下降

按指导关系分，研究生导师可分为博士研究生导师、硕士研究生导师，以及博士、硕士研究生导师。2011 年全国研究生导师共 272487 人，2012 年研究生导师共 298438 人，比上年增加 25951 人。其中，博士研究生导师 16598 人，硕士研究生导师 229453 人，博士、硕士研究生导师 52387 人，分别占研究生导师总人数的 5.56%、76.89% 及 17.55%，硕士研究生导师所占比重最大（见图 1-14）。

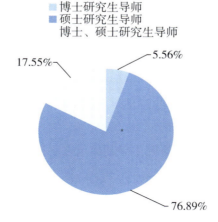

博士研究生导师
硕士研究生导师
博士、硕士研究生导师

17.55%　5.56%

76.89%

图 1-14　2012 年按指导关系划分的研究生导师类型结构

【数据来源】教育部发展规划司。

2. 46—50 岁研究生导师占比最大

2012 年，研究生指导教师数量排名前三位的年龄段分别为 46—50 岁（66867 人）、41—45 岁（54634 人）、36—40 岁（44790 人）；研究生指导教师数量排名后三位的年龄段分别为 61—65 岁（5735 人）、大于等于 66

岁（4700 人）、小于等于 30 岁（2698 人）（见图 1-15）。

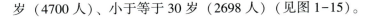

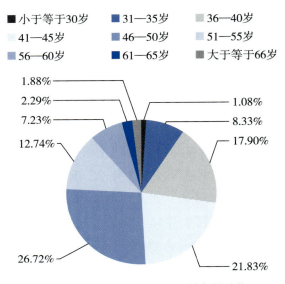

图 1-15　2012 年研究生导师的年龄结构

【数据来源】教育部发展规划司。

3. 女性研究生导师比例逐年提高

2012 年，298438 名研究生导师中，女性研究生导师 83941 人，占 28.13%；男性研究生导师 214497 人，占 71.87%。女性研究生导师比重从 2010 年的 26.36% 增加到 2011 年的 27.53%，再从 2011 年的 27.53% 增加到 2012 年的 28.13%，女性研究生导师比重逐年提高（见图 1-16）。

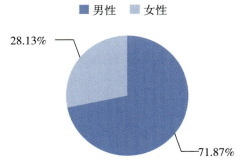

图 1-16　2012 年研究生导师的性别结构

【数据来源】教育部发展规划司。

4. 正高级职称研究生导师占比最大

按专业技术职务分类，研究生导师可分为正高级、副高级及中级。其中正高级职称者 146619 人，占 49.13%；副高级职称者 139644 人，占 46.79%；中级职称者 12175 人，占 4.08%，正高级职称和副高级职称导师人数最多，两者合计约占研究生导师的 95.92%（见图 1-17）。

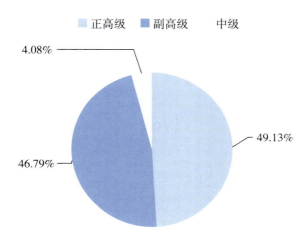

图 1-17　2012 年研究生导师的职称结构

【数据来源】教育部发展规划司。

5. 生师比有所下降

研究生教育与本科生教育在管理制度上的最大不同在于研究生的培养采取导师制，即给每个研究生都配有一位指导教师来对其专业知识体系学习、科研课题参与、学位论文写作等各个方面进行单独的培训，这就使得导师因素在保证研究生培养质量的过程中起着关键作用。通过保持适当的生师比来提高研究生培养质量、改善毕业生就业状况就显得极为关键。然而高校的师资力量往往跟不上扩招的速度。例如 2000—2006 年，我国硕士研究生导师数量增长了一倍，但这一增长幅度远远小于硕士研究生数量 312.20% 的增长幅度。一直到 2012 年硕士研究生生师比约为 5.30∶1，与 2011 年（5.67∶1）相比，硕士研究生生师比下降 6.53%（见表 1-15）。这必然会导致培养和指导的学生质量下降、就业竞争力不强等问题的产生。

表 1-15　我国 1996—2012 年硕士生人数、教师数和生师比

年份	教师人数（人）	硕士生数（人）	生师比	增长率（%）
1996	59614	126832	2.13：1	—
1997	60079	128083	2.13：1	0
1998	62224	145193	2.33：1	9.39
1999	67980	170051	2.50：1	7.30
2000	67980	223274	3.28：1	31.20
2001	85662	293899	3.43：1	4.57
2002	95905	376132	3.92：1	14.29
2003	107172	514115	4.80：1	22.45
2004	127642	630847	4.94：1	2.92
2005	137984	760659	5.51：1	11.54
2006	162202	868231	5.35：1	−2.90
2007	178123	942508	5.29：1	−1.12
2008	194666	1015982	5.22：1	−1.32
2009	208952	1127285	5.39：1	0.63
2010	227563	1246352	5.48：1	1.67
2011	236382	1340435	5.67：1	3.47
2012	266181	1409806	5.30：1	−0.06

【数据来源】中国教育部网站，网址为 http：//moe.gov.cn/。

（三）研究生教育经费投入不断增长

教育投入作为国家基础性和战略性投资，既是教育事业的物质基础，也是公共财政的重要职能。2012 年，研究生教育经费、研究与试验发展经费、国家自然科学基金年度经费、国家社科基金年度经费均有大幅度增长，有力支撑了研究生教育事业的改革发展。

1. 普通高等学校生均公共财政预算教育事业费和公用经费增加

2012 年全国普通高等学校生均公共财政预算教育事业费支出为 16367.21 元，比 2007 年的 6546.04 元增长 150.03%；2012 年全国普通高等学校生均公共财政预算公用经费支出为 9040.02 元，比 2007 年的 2596.77 增长 248.13%（见表 1-16）。

表 1-16　**2007—2012 年普通高等学校生均公共财政预算教育事业费和公用经费**

（单位：元）

年　份 项　目	2007	2008	2009	2010	2011	2012
生均公共财政预算教育事业费	6546.04	7577.71	4362.73	9589.73	13877.53	16367.21
生均公共财政预算公用经费	2596.77	3235.89	3802.49	8542.30	7459.51	9040.02

【数据来源】历年《中国教育统计年鉴》。

2007—2012 年普通高等学校生均公共财政预算教育事业费和公用经费总体保持增长趋势，如图 1-18 所示。

图 1-18　**2007—2012 年普通高等学校生均公共财政预算教育事业费和公用经费**

2. 普通奖学金标准提高，国家奖学金制度开始建立

2012 年，国家财政性教育经费支出达 2.2 万亿元，占国内生产总值（GDP）之比首次突破 4%，实现了《国家中长期教育改革和发展规划纲要（2010—2020 年）》提出的国家财政性教育经费支出占国内生产总值比例达 4% 的目标。按国家财政性教育经费拨付对象的不同（学校和研究生），可将国家财政性教育经费分为财政拨款和研究生资助。

就财政拨款而言，中央和地方拨款制度各异、拨款标准多年未变、拨款范围仅限于国家计划内的学术学位研究生、拨款方式单一等问题仍然存在。财政部、国家发展改革委、教育部《关于完善研究生教育投入机制的意见》（财教〔2013〕19 号）指出，要建立健全包括生均综合定额拨款、绩效拨款、奖助经费在内的财政拨款体系。从 2012 年起，中央财政对纳入全国研究生招生计划的中央高校全日制研究生（委托培养研究生除外）安排生均综合定额拨款。同时，根据经济发展水平、物价变动情况和财力状况，建立拨款标准动态调整机制，逐步提高拨款水平。中央财政根据研究生培养质量、科学研究水平等因素确定中央高校研究生教育绩效拨款，由学校自主安排用于研究生培养。中央高校按规定统筹利用"985 工程"等经费，支持研究生教育发展。

就研究生资助而言，普通奖学金标准逐步提高，国家奖学金制度开始建立。2011 年，教育部、财政部决定将中央部委所属普通高等学校硕士研究生普通奖学金标准统一提高到 500 元/月（见表 1-17）。

表 1-17　研究生普通奖学金标准

（单位：元）

年份 类别	1991—1993	1994—1995	1996—2008	2009—2010	2011
博士研究生	90	190	240	1000（可上下浮动 200 元）	1000（可上下浮动 200 元）
	100	210	260		
	110	230	280		
硕士研究生	70	147	200	200	500（可上下浮动 100 元）
	80	167	220	220	
	90	187	240	240	

2012 年，《财政部、教育部关于印发〈研究生国家奖学金管理暂行办法〉的通知》（财教〔2012〕342 号）指出：为发展中国特色研究生教育，促进研究生培养机制改革，提高研究生培养质量，根据《国家中长期教育改革和发展规划纲要（2010—2020 年）》，我国设立向基础学科和国家急需学科（专业、方向）倾斜的研究生国家奖学金。研究生国家奖学金由中央财政出资设立，对普通高等学校中表现优异的全日制研究生进行奖励。研究生国家奖学金每年奖励 4.5 万名在读研究生，包括 3.5 万名硕士研究生和 1 万名博士研究生。硕士研究生国家奖学金奖励标准为每生每年 2 万元，博士研究生国家奖学金奖励标准为每生每年 3 万元。

3. 研究与试验发展经费大幅增加

研究与试验发展经费不仅是评价一个国家和地区创新竞争力的重要指标，也是评价研究生教育条件的重要指标。2012 年，全国共投入研究与试验发展经费 10298.4 亿元，比上年增加 1611.4 亿元，增长 18.55%；研究与试验发展经费投入强度（与国内生产总值之比）为 1.98%，比上年的 1.84% 提高 0.14 个百分点。按研究与试验发展人员（全时工作量）计算的人均经费支出为 31.7 万元，比上年增加 1.6 万元。

从高校研究与试验发展经费的活动类型看，2012 年全国高等学校用于基础研究的经费支出、应用研究经费支出、试验发展经费支出分别为 275.7 亿元、402.7 亿元和 102.2 亿元，分别占总额的 35.3%、51.6% 和 13.1%（见表 1-18）。从 2007 年到 2012 年，高校基础研究经费占高校研究与试验发展经费内部支出的比重大幅度提高的同时，占全国研究与试验发展经费基础研究总投入的比重也在增加，从 2007 年的 49.7% 提高到 2012 年的 55.3%，逐渐成为全国基础研究中的主力。

表 1-18   高等学校研发经费内部支出：按活动类型划分

类型 年份	基础研究		应用研究		试验发展		总 计	
	金额 （亿元）	占比 （%）	金额 （亿元）	占比 （%）	金额 （亿元）	占比 （%）	金额 （亿元）	占比 （%）
2007	86.8	27.6	161.8	51.4	66.1	21.0	314.7	100
2008	114.8	29.4	208.9	53.5	66.5	17.1	390.2	100
2009	145.5	31.1	250.0	53.5	72.6	15.5	468.1	100
2010	179.9	30.1	337.0	56.4	80.3	13.5	597.2	100
2011	226.7	32.9	372.4	54.1	89.8	13.0	688.9	100
2012	275.7	35.3	402.7	51.6	102.2	13.1	780.6	100

【数据来源】历年《中国科技统计年鉴》。

从资金来源看，2012 年全国高等学校研发经费中，来源于政府的资金（474.1 亿元）和来源于企业的资金（260.5 亿元）分别占总额的 60.7% 和 33.4%。2007—2012 年，来源于政府的资金所占比重有小幅上升（见表 1-19）。

表 1-19   高等学校研发经费内部支出：按资金来源划分

类型 年份	政府资金		企业资金		其 他		总 计	
	金额 （亿元）	占比 （%）	金额 （亿元）	占比 （%）	金额 （亿元）	占比 （%）	金额 （亿元）	占比 （%）
2007	177.7	56.4	110.3	35.1	26.7	8.5	314.7	100
2008	225.5	57.8	134.9	34.6	29.8	7.6	390.2	100
2009	262.2	56.0	171.7	36.7	34.2	7.3	468.1	100
2010	358.8	60.1	198.5	33.2	40.0	6.7	597.3	100
2011	405.1	58.8	242.9	35.3	40.8	5.9	688.8	100
2012	474.1	60.7	260.5	33.4	46.0	5.9	780.6	100

【数据来源】历年《中国科技统计年鉴》。

第二章

中国研究生教育发展的区域差异

　　自1978年恢复研究生招生以来，特别是1981年《中华人民共和国学位条例》颁布后，我国研究生教育进入了蓬勃发展的新时期。但由于受到历史、经济及教育自身发展等因素制约，不同区域研究生教育发展的差距明显。本章以《中国教育统计年鉴》、《全国来华留学生简明统计报告》、《高等学校科技统计资料汇编》以及教育部规划司数据为依据，从各省（区、市）研究生教育的规模、变化趋势、师资等方面，对2007—2012年我国各省（区、市）研究生教育发展情况进行了深入分析，并进一步考察了各省（区、市）研究生教育与经济发展水平的匹配程度，以描述我国研究生教育的区域差异状况。

一、各省（区、市）研究生教育发展规模

　　2007—2012年，我国各省（区、市）的研究生教育快速发展，已基本建立了符合各省（区、市）特点的、办学效益逐步提高的学位授权体系，为国家各项事业的建设输送了一大批合格的高层次专门人才。从我国研究生教育事业的发展过程与变化趋势看，各省（区、市）研究生教育均选择了补偿性发展的策略，呈现出迅猛发展的态势。

（一）东部地区招生规模较大，西部部分地区招生规模极小

2007—2012 年，我国硕士生招生人数省均规模为 14444 人，大于平均规模的省（区、市）包括北京、江苏、上海、湖北、辽宁、陕西、四川、广东、山东、黑龙江、湖南、吉林，其余 19 个省（区、市）则小于平均规模。各省（区、市）硕士生招生人数的标准差呈扩大趋势，说明各省（区、市）硕士生招生人数的绝对离散程度在提高。各省（区、市）硕士生招生人数的变异系数呈现缩小趋势，说明各地硕士生招生人数的相对离散程度在降低。

各省（区、市）博士生招生人数省均规模为 2029 人，大于平均规模的省（区、市）包括北京、上海、江苏、湖北、广东、陕西、辽宁、四川、吉林、黑龙江，其余 21 个省（区、市）则小于平均规模。各省（区、市）博士生招生人数的标准差呈扩大趋势，说明各省（区、市）博士生招生人数的绝对离散程度在提高；变异系数呈现"V"形变化趋势，说明各省（区、市）博士生招生人数的相对离散程度先降后升。

1. 全国四分之一的省（区、市）硕士研究生招生规模年均增长率超过 10%

全国大部分省（区、市）硕士研究生招生规模逐年扩大，只有福建和安徽两省的招生人数在 2008 年、2009 年出现了下降。按照年均增长率进行排序，如图 2-1 和图 2-2 中的折线所示，西藏硕士研究生招生人数年均增长率最高，达 22.27%；其次是青海，为 15.17%；其余高于 10% 的省（区、市）包括江西、海南、宁夏、内蒙古、新疆、安徽。其他各省（区、市）的硕士研究生招生人数年均增长率低于 10%，吉林最低，为 6.16%。这与全国各个地区的硕士研究生年均招生人数分布大致出现了相反的排名顺序，原因可能是近年来国家教育政策向中西部倾斜的引导作用或者中西部地区的政策优惠，同时考研调剂政策也会促使报考东部地区学校的一部分考生由于分数低的原因而被调剂到中西部地区学校。

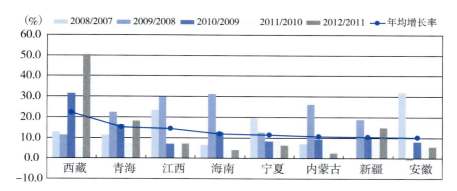

图 2-1　2007—2012 年硕士研究生招生人数年均增长率高于 10%的地区

【数据来源】历年《中国教育统计年鉴》。

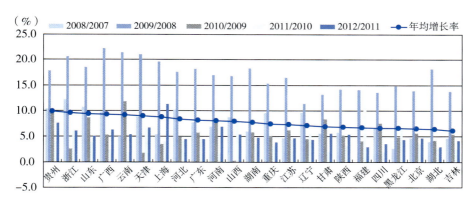

图 2-2　2007—2012 年硕士研究生招生人数年均增长率低于 10%的地区

【数据来源】历年《中国教育统计年鉴》。

（1）各省（区、市）硕士研究生招生呈现"大小年"规律

将各省（区、市）2007—2012 年的硕士研究生招生人数每年环比增长率与年均增长率对比（见图 2-1、图 2-2），可以发现 2008 年除了河北、山西、辽宁、浙江、安徽、江西、山东、广西、重庆、贵州、宁夏以外，其余省（区、市）的环比增长率低于年均增长率。2009 年除安徽和西藏以外，其余省（区、市）的环比增长率高于年均增长率。2010 年除海南、四川、云南、西藏、甘肃、青海，2011 年除山西和福建，2012 年除上海、西藏和青海外，其他省（区、市）当年的环比增长率都低于年均增长率。可以判

断，在硕士研究生招生方面是存在"大小年"情形的，其中 2009 年是招生大年，而 2010—2012 年为招生小年，2008 年则是过渡年或者转折年，招生环比增长率在不同的省（区、市）不尽相同。如果将各省（区、市）硕士研究生招生人数的增长率和全国的硕士研究生招生人数的增长率进行对比，可以发现，各省（区、市）和全国一致，遵循"大小年"规律。

（2）北京市硕士研究生招生人数最多

硕士研究生年均招生人数在 6 万人以上的仅北京一地，该市 6 年间平均硕士研究生招生人数为 61538 人，占全国硕士研究生年均招生人数的 13.77%，其中 2007 年为 51418 人，2009 年突破 6 万人，为 61396 人，2012 年突破 7 万人，为 70427 人。年均硕士生招生人数为 5 万—6 万人和 4 万—5 万人的地区还没有出现；3 万—4 万人的地区包括江苏、上海两地；2 万—3 万人的地区包括湖北、辽宁、陕西、四川、广东 5 个省（区、市），总计占全国硕士研究生年均招生人数的 27.21%；1 万—2 万人的地区有 9 个省（区、市），分别是山东、黑龙江、湖南、吉林、浙江、重庆、天津、安徽、河北，总计占全国硕士研究生年均招生人数的 28.31%；1 万人以下的省（区、市）较多，包括河南、福建、云南、甘肃、山西、广西、江西、内蒙古、新疆、贵州、宁夏、海南、青海、西藏，总计占全国硕士研究生年均招生人数的 15.97%，其中海南、青海、西藏 3 个省（区、市）硕士研究生年均招生人数小于 1000 人，属于招生人数极少地区。

如果按照硕士研究生招生人数的平均值计算，北京、江苏、上海、湖北、辽宁、陕西、四川、广东、山东、黑龙江、湖南、吉林 12 个省（区、市）高于全国平均值，其他地区则低于全国平均值。

从整体上看，北京在我国高校硕士研究生招生规模上独占鳌头，东部沿海地区是硕士研究生招生主要集中地，西部地区除了四川、重庆和陕西外，其余省（区、市）年均招生规模较小。

2. 各省（区、市）博士研究生招生规模增长率变化趋势不同

与硕士研究生招生规模变化不同，尽管全国大部分省（区、市）博士研究生招生规模都呈现不断扩大的趋势，但青海、西藏、天津、贵州、安徽、吉林博士研究生招生规模在不同年份出现了缩减。如果按照年均增长率进行排序，如图2-3和图2-4中的折线所示，西藏的博士研究生招生人数年均增长率最高，达46.67%，其次是宁夏，为24.88%。新疆、广西、海南、青海、河南、江西、云南、安徽、福建9个省（区、市）的博士研究生招生人数年均增长率为5%—10%。陕西、浙江、内蒙古、山西、北京、重庆、甘肃、四川、上海、辽宁、河北、湖南、黑龙江、广东、江苏、山东、湖北、贵州、天津19个省（区、市）的博士研究生招生人数年均增长率为1%—5%。吉林的年均增长率最低，为0.29%。这与全国各个地区的博士研究生年均招生人数分布大致出现了相反的排名顺序。

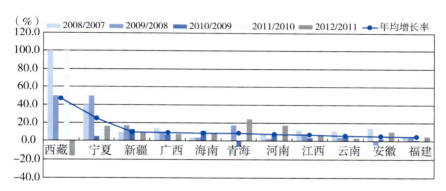

图2-3 2007—2012年博士研究生招生人数年均增长率高于5%的地区

【数据来源】历年《中国教育统计年鉴》。

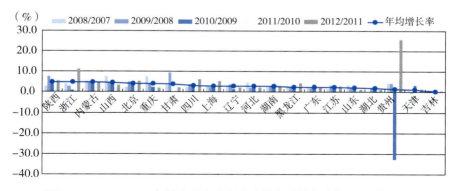

图2-4 2007—2012年博士研究生招生人数年均增长率低于5%的地区

【数据来源】历年《中国教育统计年鉴》。

进一步将各省（区、市）的环比增长率与年均增长率对比，并不能发现博士研究生招生出现与硕士研究生招生一样的"大小年"现象，招生人数环比增长率和年均增长率的比较在各省（区、市）出现不同的变化趋势。

（1）北京市博士研究生招生规模最大，西部部分地区招生规模极小

北京是全国博士研究生招生规模最大的地方，博士研究生年均招生人数为15733人，占全国博士研究生年均招生人数的24.99%，其中2007年为14259人；到2012年突破1.7万人，为17463人。上海、江苏、湖北、广东、陕西五个省（区、市）博士研究生年均招生人数位列全国31个省（区、市）的第二至第六名，年均博士研究生招生人数在3000—7000人之间波动，其中上海年均招生6174人，占全国博士研究生年均招生人数的9.82%；陕西年均招生3041人，占全国博士研究生年均招生人数的4.83%；5个省（区、市）博士研究生招生人数合计占比为35.57%。辽宁、四川、吉林、黑龙江4个省（区、市）博士研究生年均招生人数在2000—3000人之间波动，合计占比为15.86%。浙江、天津、湖南、山东、安徽、重庆、福建7个省（区、市）博士研究生年均招生人数在1000—2000人之间波动，合计占比为17.96%。甘肃、河北、云南、山西、河南、内蒙古、新疆、江西、广西、贵州、青海、海南、宁夏、西藏博士研究生年均招生人数在1000人以下，合计占比为5.62%，其中贵州、青海、海南、宁夏、西藏博士研究生年均招生人数小于100人，属于招生人数极少地区。

从整体上看，北京在博士研究生招生规模上遥遥领先，东部沿海地区加上中部的湖北，以及西部的陕西和四川是博士研究生主要的集中地。

（2）各省（区、市）博士研究生招生规模排名顺序与硕士研究生招生规模排名顺序不同

北京博士研究生招生规模和硕士研究生招生规模均位居全国第一，上海尽管博士研究生招生规模排名第二，但是硕士研究生招生规模要低于江苏。按照此种方法比较，可以发现，博士研究生招生规模排名高于硕士研究生招生规模排名的省（区、市）包括上海、广东、吉林、浙江、天津、

安徽、福建、甘肃、山西、内蒙古、新疆和青海，博士研究生招生规模排名低于硕士研究生招生规模排名的省（区、市）为江苏、辽宁、四川、湖南、山东、重庆、河北、河南、江西、广西、宁夏，其中差距最大的为山东，差距达到 5 名，其余省（区、市）的排名顺序没有差别。但是无论排名如何变化，北京、上海、江苏、湖北、广东、陕西、辽宁、四川都是博士、硕士研究生招生的主要地区，内蒙古、新疆、江西、广西、贵州、青海、海南、宁夏、西藏则属于全国博士、硕士研究生招生的落后地区，尤其是西藏，2012 年仅招收了 5 名博士研究生。

（二）　各地区在校研究生规模差距呈扩大趋势

2007—2012 年，我国各省（区、市）硕士研究生在校生人数平均规模为 39073 人，大于平均规模的包括北京、江苏、上海、湖北、陕西、辽宁、四川、广东、山东、湖南、黑龙江、吉林 12 个省（区、市），其余 19 个省（区、市）则小于平均规模。各省（区、市）硕士生在校生人数的标准差呈扩大趋势，说明各省（区、市）硕士生在校生人数的绝对离散程度在提高；变异系数呈现缩小趋势，说明各地硕士研究生在校生人数的相对离散程度在降低。

2007—2012 年，我国各省（区、市）博士研究生在校生人数平均规模为 8169 人，其中大于平均规模的包括北京、上海、江苏、湖北、陕西、广东、辽宁、四川、黑龙江、湖南、吉林、浙江 12 个省（区、市），其余 19 个省（区、市）则小于平均规模。各省（区、市）博士研究生在校生人数的标准差呈扩大趋势，说明各省（区、市）博士研究生在校生人数的绝对离散程度在提高；变异系数基本没有变化，说明各地博士研究生在校生人数的相对离散程度稳定。

1. 2010 年后大部分省（区、市）硕士研究生在校生规模增速放缓

将各省（区、市）2007—2012 年的硕士研究生在校生人数环比增长率与年均增长率进行比较（如图 2-5 和图 2-6），可以发现 2009 年和 2010 年是各省（区、市）硕士研究生在校生人数增长率上升的两年，其中 2009 年除了安徽和西藏，2010 年除了浙江、天津、山西、黑龙江、福建以外，其他省（区、市）在校生人数的增长率均高于年均增长率。2010 年之后，大部分地区出现了硕士研究生在校生人数环比增长率低于年均增长率的趋势，说明全国各地区的硕士研究生在校生规模增速放缓。另外，全国每年硕士研究生在校生加速增长集中在几个地区，其中北京、辽宁、云南、陕西从 2009 年开始连续三年出现加速增长，河北、江苏、河南、广西、海南、重庆、甘肃以及宁夏则从 2008 年开始连续三年出现加速增长。

图 2-5 2007—2012 年硕士研究生在校生人数年均增长率高于 10% 的地区

【数据来源】历年《中国教育统计年鉴》。

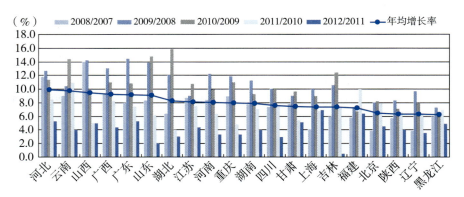

图 2-6 2007—2012 年硕士研究生在校生人数年均增长率低于 10% 的地区

【数据来源】历年《中国教育统计年鉴》。

（1）西藏的硕士研究生在校生人数年均增长率最高

2010 年前，全国大部分省（区、市）硕士研究生在校生规模都呈现不断扩大的趋势，只有安徽在校生人数在 2009 年与前一年相比出现了下降，环比增长率为−0.49%。如果按照年均增长率进行排序，如图 2−5 和图 2−6 中的折线所示，西藏的硕士研究生在校生人数年均增长率最高，达 19.51%，其次是青海，为 15.67%。其余高于 10% 的省（区、市）包括海南、浙江、江西、天津、宁夏、内蒙古、安徽、新疆、贵州 9 个省（区、市），其他省（区、市）硕士研究生在校生人数年均增长率低于 10%，黑龙江最低，为 6.26%。

（2）北京硕士研究生在校生人数最多，东部沿海地区是硕士研究生主要集中地

硕士研究生年均在校生人数为 10 万人以上的仅北京一地，达 159566 人，占全国硕士研究生年均在校生人数的 13.17%，其中 2007 年为 135658 人，2012 年为 185879 人。江苏和上海硕士研究生年均在校生人数分别为 97993 人和 83824 人，位列第二和第三名，合计占比为 15.01%。湖北、陕西、辽宁、四川硕士研究生年均在校生人数为 6 万—8 万人，合计占比为 22.51%。广东、山东、湖南和黑龙江硕士研究生年均在校生人数为 4 万—6 万人，合计占比为 16.29%。吉林、浙江、重庆、安徽、天津、河北、河南、福建、云南、甘肃、山西硕士研究生年均在校生人数为 2 万—4 万人，合计占比为 26.38%，广西、江西、内蒙古、新疆、贵州、宁夏、海南、青海、西藏 9 个省（区、市）硕士研究生年均在校生人数在 2 万人以下，合计占比为 6.64%，其中宁夏、海南、青海、西藏 4 个省（区、市）硕士研究生年均在校生人数小于 1 万人，属于在校生人数极少地区。

从整体上看，北京是我国硕士研究生在校生人数最多的地方，东部沿海地区是硕士研究生主要的集中地，中部地区除了湖北和山西，西部除了陕西和四川外，硕士研究生在校生规模较小。

2. 大部分省（区、市）博士研究生在校生规模不断扩大

全国大部分省（区、市）博士研究生在校生规模都呈现不断扩大的趋

势，只有安徽在 2009 年，黑龙江在 2010 年，贵州在 2010 年、2011 年出现了缩减。

（1）2008 年是各省（区、市）博士研究生在校生人数增长率上升年

按照年均增长率进行排序，西藏的博士研究生在校生人数年均增长率最高，达 80.00%；其次是宁夏，为 36.64%；天津最低，为 2.35%。海南、广西和山西 3 个省（区、市）为 10%—20%；云南、江西、河南、新疆、内蒙古、安徽、湖南、福建、浙江、河北、重庆、山东、江苏、甘肃、北京为 5%—10%。

进一步将各省（区、市）的环比增长率的与年均增长率对比（见图 2-7 和图 2-8），可以发现 2008 年是各省（区、市）博士研究生在校生人数增长率上升年，除了上海、浙江、福建、海南、陕西、青海、新疆以外，其余各省（区、市）的环比增长率均高于年均增长率。2008 年之后博士研究生在校生人数增长率下降，大部分省（区、市）环比增长率低于年均增长率，只有浙江、广西、重庆、云南、西藏、甘肃和新疆的博士研究生在校生规模连续三年加速增长。

图 2-7　2007—2012 年博士研究生在校生人数年均增长率高于 10% 的地区

【数据来源】历年《中国教育统计年鉴》。

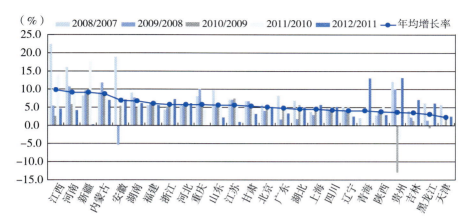

图 2-8 2007—2012 年博士研究生在校生人数年均增长率低于 10% 的地区

【数据来源】历年《中国教育统计年鉴》。

（2）北京、上海、江苏、湖北、陕西是博士研究生主要集聚地

全国各省（区、市）博士研究生年均在校人数为 6 万人以上的仅北京一地，博士研究生在校生平均人数为 60927 人，占全国博士研究生年均在校生人数的 24.05%，其中 2007 年为 53527 人，2012 年为 68731 人。博士生年均在校生人数为 4 万—5 万人和 3 万—4 万人的地区还没有出现。上海和江苏博士研究生年均在校人数为 2 万—3 万人，合计占比为 17.90%。湖北、陕西、广东、辽宁、四川 5 个省（区、市）博士研究生年均在校生人数为 1 万—2 万人，合计占比为 27.70%。其余各省（区、市）的博士生年均在校生规模为 1 万人以下，合计占比为 30.35%，其中内蒙古、新疆、江西、广西、贵州、海南、青海、宁夏、西藏 9 个省（区、市）博士研究生年均在校人数低于 1000 人，属于博士研究生在校生人数极少地区。

全国 31 个省（区、市）博士研究生年均在校生人数为 8169 人，其中北京、上海、江苏、湖北、陕西、广东、辽宁、四川、黑龙江、湖南、吉林、浙江 12 个省（区、市）高于平均值，其他各省（区、市）则低于平均值。

整体上看，北京是全国博士研究生在校生数量最多的地区，上海、江苏、湖北、陕西是博士研究生主要集聚地，均占全国博士研究生年均在校生人数的5%以上，其余各省（区、市）博士研究生在校生规模较小。

（三）近七成省（区、市）研究生学位授予数量的年均增长率高于10%

2007—2012年，我国研究生学位授予数省均规模为12394人，其中高于平均规模的省（区、市）包括北京、江苏、上海、湖北、辽宁、陕西、四川、广东、山东、黑龙江、吉林、湖南，其余19个省（区、市）则低于平均值。

将各省（区、市）2007—2012年的研究生学位授予数的环比增长率与年均增长率对比（见图2-9和图2-10），可以发现2008年是各地研究生学位授予数增长率上升的一年，只有北京、天津、吉林、上海、江苏和湖北的环比增长率下降。2009—2010年是各地研究生学位授予数增长率下降的两年，尤其是2010年，只有天津和浙江的研究生学位授予数的环比增长率上升。2011—2012年则不同地区呈现出不同的增减趋势。河北、辽宁、新疆在2009—2012年连续四年研究生学位授予数增长率下降，北京、吉林在2008—2010年的增长率出现下降，广西、云南、西藏、甘肃在2009—2011年的增长率连续三年出现下降。

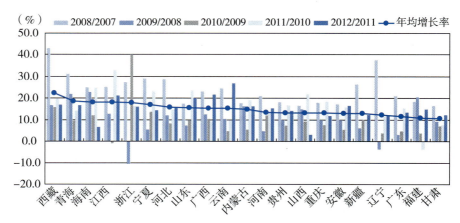

图2-9　2007—2012年研究生学位授予数年均增长率高于10%的地区

【数据来源】历年《中国教育统计年鉴》。

图 2-10　2007—2012 年研究生学位授予数年均增长率低于 10%的地区

【数据来源】历年《中国教育统计年鉴》。

1. 西藏、青海的研究生学位授予数年均增长率最高

如果按照年平均增长率进行排序，西藏的研究生学位授予数年均增长率最高，达 22.40%，该地区在 2008 年的环比增长率高达 42.86%，但是该地区 2007 年学位授予数为 84 个，2008 年为 120 个。如图 2-9 和图 2-10 中的折线所示，青海是研究生学位授予数年均增长率排名第二的省（区、市），为 18.66%；吉林最低，为 2.76%。其余低于 10%的省（区、市）依次为江苏、湖南、四川、陕西、黑龙江、上海、天津、湖北、北京。

2. 北京市研究生学位授予规模最大

全国研究生年均学位授予数为 6 万个以上的仅北京一地，年均学位授予数为 60036 个，占全国研究生年均学位授予数的 15.63%，其中 2007 年为 52493 个，2011 年突破 6 万个，2012 年突破 7 万个，为 70975 万个。研究生年均学位授予数为 3 万—6 万个的地区还没有出现。江苏、上海、湖北、陕西、辽宁 5 个省（区、市）的研究生年均学位授予数为 2 万—3 万个，合计占全国研究生学位授予数的 33.23%。四川、广东、山东、黑龙江、吉林、湖南、天津、浙江、重庆 9 个省（区、市）的研究生年均学位授予数为 1 万—2 万个，合计占全国年均学位授予数的 32.53%。研究生年均学位授予数在 1 万个以下的省（区、市）较多，分布在安徽、福建、河北、河南、甘肃、云南、山西、广西、江西、内蒙古、新疆、贵州、宁夏、海南、青海、西藏，合计占全国研究生年均学位授予数的 18.61%，其中宁夏、海南、青海、西藏年均学位授予数小于 1000 个，属于研究生学位授予数极少地区。

从整体上看，北京是全国高校研究生学位授予数最多的地区，江苏、上海、湖北、辽宁、陕西是主要集中地，研究生年均学位授予数分别占全国总授予数的 5% 以上，其余地区尤其是内蒙古、新疆、贵州、宁夏、海南、青海、西藏 7 个省（区、市），分别还不到全国的 1%。

（四）近七成省（区、市）研究生毕业人数的年均增长率高于 10%

2007—2012 年，我国研究生毕业人数省均规模为 12516 人，其中高于平均规模的地区包括北京、江苏、上海、湖北、辽宁、陕西、四川、广东、山东、黑龙江、吉林、湖南，其余 19 个省（区、市）则低于平均规模。

将 2007—2012 年各省（区、市）的研究生毕业人数的环比增长率与年均增长率对比（见图 2-11 和图 2-12），可以发现 2008 年是各省（区、市）研究生毕业人数增长率上升的一年，但天津、吉林、上海、江苏和湖北环比增长率出现下降。2009—2010 年是各地区研究生毕业人数增长率下降的两年，尤其是 2010 年，只有浙江研究生毕业人数环比增长率保持上升。2011—2012 年则不同地区呈现出不同的增减趋势。辽宁、西藏在 2009—2012 年连续四年研究生毕业人数增长率下降。吉林在 2008—2010 年的研究生毕业人数增长率连续三年下降，广西、云南、甘肃、新疆在 2009—2011 年的研究生毕业人数增长率连续三年下降。

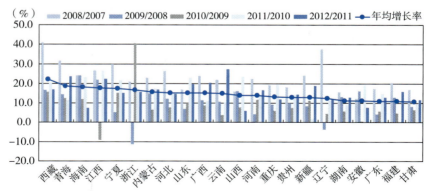

图 2-11   2007—2012 年研究生毕业人数年均增长率高于 10% 的地区

【数据来源】历年《中国教育统计年鉴》。

图2-12　2007—2012年研究生毕业人数年均增长率低于10%的地区

【数据来源】历年《中国教育统计年鉴》。

1. 西藏的研究生毕业人数年均增长率最高

如果按照年均增长率进行排序，西藏的研究生毕业人数年均增长率最高，达22.17%，该地区在2008年的环比增长率高达41.18%，但是该地区2007年毕业生人数为85人，2008年为120人。如图2-11和图2-12中的折线所示，青海是研究生毕业人数年均增长率第二高的省（区、市），为18.77%；吉林最低，为2.77%，其余低于10%的省（区、市）依次为江苏、陕西、四川、上海、黑龙江、天津、湖北、北京。

2. 各省（区、市）研究生毕业人数分布与学位授予数分布具有高度一致性

北京依然是全国研究生年均毕业人数最多的地方，年均毕业人数为60662人，占全国研究生年均毕业人数的15.63%。年均毕业人数为4万—6万人的地区还没有出现。江苏年均毕业人数为3万—4万人，占全国研究生年均毕业人数的7.79%。上海、湖北、辽宁、陕西年均毕业人数为2万—3万人，合计占全国研究生年均毕业人数的25.42%。四川、广东、山东、黑龙江、吉林、湖南、天津、浙江、重庆年均毕业人数为1万—2万人，合计占全国研究生年均毕业人数的32.46%。年均毕业人数为1万人以下的省（区、市）较多，包括湖南、天津、浙江、重庆、安徽、福建、河北、河南、甘肃、云南、山西、广西、江西、内蒙古、新疆、贵州、宁夏、海南、青海、西藏，合计占全国研究生年均毕业人数的

18.70%，其中宁夏、海南、青海、西藏 4 个省（区、市）研究生年均毕业人数小于 1000 人，属于研究生毕业人数极少地区。

从整体上看，北京在我国研究生毕业人数上独占鳌头，其次是江苏、上海、湖北、辽宁、陕西，研究生年均毕业人数分别占全国研究生毕业总数的 5% 以上，内蒙古、新疆、贵州、宁夏、海南、青海、西藏 7 个省（区、市），研究生年均毕业人数分别还不到全国的 1%。

（五）各省（区、市）来华留学研究生人数绝对差异呈扩大趋势

来华留学生可以分为学历留学生和非学历留学生，学历留学生包括专科生、本科生和研究生，非学历留学生包括普通进修生、高级进修生和短期留学生。据 2007—2012 年《全国来华留学生简明统计报告》，来华留学生中研究生人数呈现逐年递增趋势（见表 2-1）。各省（区、市）博士留学生、硕士留学生人数的标准差均呈现逐年上升趋势，说明各省（区、市）留学研究生人数的绝对离散程度随着时间变化逐步变高。就二者的标准差来看，硕士留学生要大于博士留学生。这一期间的变异系数与标准差的变化正好相反，呈现逐年下降趋势，说明各省（区、市）留学研究生人数的相对离散程度逐渐降低，其中博士留学生相对离散程度高于硕士留学生。

表 2-1　2007—2012 年留学研究生总体变化情况表

年份	博士留学生					硕士留学生				
	总计（人）	增长率（%）	平均值（人）	标准差（人）	变异系数	总计（人）	增长率（%）	平均值（人）	标准差（人）	变异系数
2007	3218	—	103.81	229.06	2.21	7628	—	246.06	473.94	1.93
2008	3908	21.44	126.06	264.22	2.10	10373	35.99	334.61	605.10	1.81
2009	4751	21.57	153.26	299.38	1.95	14227	37.15	458.94	734.76	1.60
2010	5826	22.63	187.94	352.74	1.88	19040	33.83	614.19	934.03	1.52
2011	6923	18.83	223.32	399.59	1.79	23453	23.18	756.55	1085.65	1.44
2012	8303	19.93	267.84	470.97	1.76	27757	18.35	895.39	1267.07	1.42
合计	32929	20.88	177.04	345.82	1.95	102478	29.70	550.96	910.37	1.65

1. 北京、上海、湖北留学研究生规模居于前列

留学研究生主要集中在北京、湖北、上海、江苏、吉林、浙江、辽宁、广东、黑龙江等地，北京、上海和湖北的博士、硕士留学生人数位居前三，青海、海南和西藏则名列最后三位。

（1）新疆、甘肃、内蒙古和贵州等地区的留学研究生人数年均增长率高于全国水平

如图2-13所示，各省（区、市）硕士留学生的年均增长率差异较大（西藏数据缺失），其中排在前三位的分别是新疆、甘肃和内蒙古，年均增长率分别高达491.71%、157.00%和152.28%；排在后三位的分别是河南、海南和青海，年均增长率分别是16.50%、0.00%和－50.00%。与全国57.78%的年均增长率相比，只有新疆、甘肃、内蒙古、河北、宁夏和江西高于全国平均水平，其余地区低于全国平均水平。

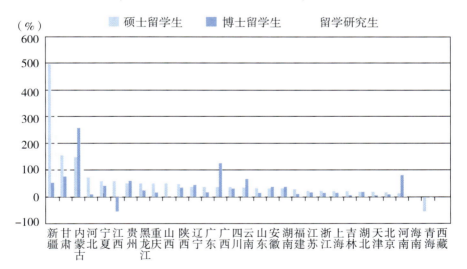

图2-13　2007—2012年各省（区、市）留学研究生人数年均增长率

【数据来源】历年《全国来华留学生简明统计报告》。

博士留学生的年均增长率差异也比较大（西藏、海南和青海数据缺失），其中排在前三位的分别是内蒙古、广西和河南，年均增长率分别高达259.81%、128.42%和83.33%；排在后三位的分别是天津、山西和江西，年均增长率分别为6.77%、0.00%和－50.00%。与全国42.42%的年均

增长率相比，内蒙古、广西、河南、甘肃、云南、贵州、新疆、辽宁、宁夏高于全国平均水平，其余地区低于全国平均水平。

留学研究生的年均增长率差异同样较大（西藏、海南和青海数据缺失），其中排在前三位的分别是新疆、内蒙古和甘肃，年均增长率分别高达349.41%、169.94%和167.62%；排在后三位的分别是河南、海南和青海，年均增长率分别为17.15%、0.00%和−50.00%。与全国51.50%的年均增长率相比，新疆、甘肃、内蒙古、河北、宁夏、江西、贵州高于全国平均水平，其余地区低于全国平均水平。

（2）北京、上海和湖北留学研究生的平均人数最多

如图2-14所示，硕士留学生平均人数排在前三位的省（区、市）分别是北京、上海和湖北，平均人数分别多达4202.50人、2540.00人和1333.67人，排在后三位的分别是青海、海南和西藏，硕士留学生平均人数分别为0.83人、0.33人和0人。与全国硕士留学生平均人数（550.96人）相比，北京、上海、湖北、江苏、广东、吉林、辽宁、天津、黑龙江高于全国平均水平，其余地区低于全国平均水平。

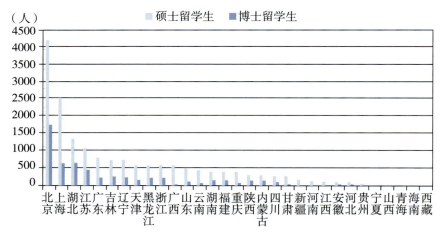

图2-14 2007—2012年各省（区、市）博士、硕士留学生平均人数变化情况
【数据来源】历年《全国来华留学生简明统计报告》。

博士留学生平均人数排在前三位的分别是北京、湖北、上海，平均人数分别多达1736.17人、640.33人和623.17人，排在后三位的分别是青

海、海南和西藏，博士留学生平均人数均为 0 人。与全国博士留学生平均人数（177.04 人）相比，北京、湖北、上海、江苏、吉林、浙江、辽宁、广东、黑龙江高于全国平均水平，其余地区低于全国平均水平。

由此可以看出，留学研究生主要集中在北京、湖北、上海、江苏、吉林、浙江、辽宁、广东、黑龙江等东部地区，这些地区硕士留学生和博士留学生占全国留学研究生人数的比例分别为 73.05% 和 82.33%。

2. 接收留学研究生超过 100 名的院校所覆盖的地区呈现逐年增加趋势

根据 2007—2012 年《全国来华留学生简明统计报告》，当年接收留学研究生超过 100 名的院校呈现增加趋势，2007 年为 33 所，2012 年达到 108 所（见表 2-2）。当年接收留学研究生人数超过 100 名的院校的留学研究生人数之和占全国留学研究生总数的比例也呈现上升趋势，2007 年占比为 62.06%，2012 年增加到 83.17%。

表 2-2　2007—2012 年接收留学研究生超过 100 名的院校数及其接收的留学研究生总人数占全国留学研究生总人数的比例

年　份	2007	2008	2009	2010	2011	2012
接收留学研究生院校数（所）	—	264	275	288	306	332
当年接收留学研究生超过 100 名的院校数（所）	33	37	52	72	92	108
占当年留学研究生总人数的比例（%）	62.06	63.04	68.52	74.95	80.13	83.17

从表 2-3 可以看出，接收留学研究生超过 100 名的院校所覆盖的地区呈现逐年增加趋势。2007 年仅覆盖 13 个地区，2012 年已经覆盖 24 个地区。其中北京、上海和湖北留学研究生超过 100 名的院校数名列前三，尤其是北京，在 2007 年为 10 所，2012 年则增加到 18 所。大部分地区接收留学研究生人数超过 100 名的院校数是增加的，但在某些年份会出现下降。

表 2-3   2007—2012 年接收留学研究生超过 100 名的院校数和留学研究生数

地区	2007		2008		2009		2010		2011		2012	
	院校（所）	留学研究生（人）	院校（所）	留学研究生（人）	院校（所）	留学研究生（人）	院校（所）	留学研究生（人）	院校（所）	留学研究生（人）	院校（所）	留学研究生（人）
北京	10	2744	9	3261	13	4136	15	5354	16	6184	18	7462
上海	7	1224	8	1722	9	2325	10	3115	12	3892	13	4465
湖北	5	977	5	1291	5	1616	5	1878	7	2378	—	—
江苏	2	348	2	379	4	779	6	1105	7	1444	8	1770
广东	1	181	1	241	4	658	5	1004	6	1230	4	1192
浙江	1	245	1	269	2	437	1	411	3	697	5	1145
吉林	1	292	2	546	2	707	2	809	2	826	4	1035
福建	1	166	1	267	1	344	1	417	1	509	1	557
天津	1	133	2	261	2	295	3	440	5	752	6	905
湖南	1	110	2	249	2	370	2	507	2	617	2	681
山东	1	109	1	140	1	205	2	426	1	407	2	584
广西	1	102	1	145	1	224	3	465	3	595	4	766
云南	1	100	—	—	1	158	2	345	3	617	3	616
黑龙江	—	—	1	131	2	324	4	695	4	808	5	1140
河南	—	—	1	101	—	—	—	—	1	128	1	142
陕西	—	—	—	—	1	108	2	225	3	416	3	521
四川	—	—	—	—	1	100	1	136	3	415	3	584
重庆	—	—	—	—	1	217	2	432	2	529	2	541
内蒙古	—	—	—	—	—	—	2	373	2	466	4	780
辽宁	—	—	—	—	—	—	3	344	7	976	8	1356
甘肃	—	—	—	—	—	—	1	157	1	242	2	440
新疆	—	—	—	—	—	—	—	—	1	212	3	465
河北	—	—	—	—	—	—	—	—	—	—	7	2844
合计	33	6731	37	9003	52	13003	72	18638	92	24340	108	29991

3. 留学研究生的奖学金覆盖率呈现提高趋势

2007—2012 年，奖学金的覆盖率高于 50% 的地区逐年增加，博士留学生的奖学金覆盖率要高于硕士留学生。

外国留学生奖学金是根据中国政府与有关国家政府以及中国教育部与有关国家的教育机构签订的教育交流合作协议或达成的谅解而提供的奖学金项目，分为全额奖学金和部分奖学金。从图 2-15 可以看出，获得奖学金的硕士留学生所处地区呈现逐年增加趋势。2007 年仅覆盖 21 个省（区、市），2012 年已经覆盖 27 个省（区、市），西藏、青海、山西、海南至今没有硕士留学生获得奖学金，原因是这些地区还没有招收硕士留学生或者这些地区只在个别年份招收少量的硕士留学生，如山西 2007—2012 年平均每年招收不到 3 名硕士留学生。

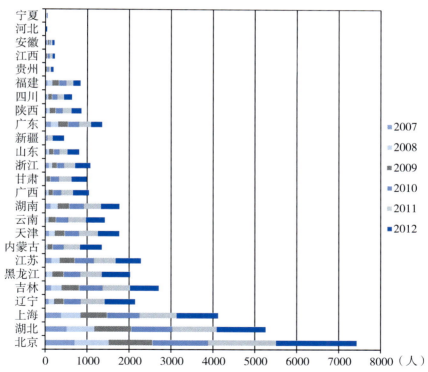

图 2-15　2007—2012 年各省（区、市）硕士留学生获得奖学金的人数
【数据来源】历年《全国来华留学生简明统计报告》。

北京、湖北和上海的硕士留学生在获得奖学金的人数方面排在全国前三位，且在2007—2012年排名均没有变化。2007—2012年，除安徽以外，绝大多数省（区、市）的硕士留学生获得奖学金的人数是增加的。从奖学金覆盖率（即硕士留学生中获得奖学金的人数与硕士留学生总人数的比值）来看，奖学金覆盖率高于50%的地区数在2007—2012年出现增长，2007年湖南、湖北、安徽、甘肃、广东奖学金覆盖率高于50%；2008年贵州、甘肃、内蒙古、湖南、湖北、安徽、黑龙江、陕西、福建、吉林、江西奖学金覆盖率高于50%；到2012年，已经有13个省（区、市）的奖学金覆盖率高于50%，分别是贵州、内蒙古、宁夏、甘肃、湖南、吉林、黑龙江、云南、新疆、天津、重庆、湖北和辽宁。

从图2-16可以看出，获得奖学金的博士留学生所处地区呈现逐年增加趋势，2007年仅覆盖17个省（区、市），2012年已经覆盖26个省（区、市），其中西藏、青海、山西、海南、河南至今没有博士留学生获得奖学金，原因也是这些地区还没有招收博士留学生或者这些地区只在个别年份招收少量的博士留学生，如山西2007—2012年平均每年招收不到1名博士留学生。

北京、湖北和上海的博士留学生在获得奖学金的人数方面排在全国前三位，且排名在2007—2012年均没有发生变化。除了安徽、江西以外，绝大多数省（区、市）的博士留学生获得奖学金的人数是增加的。奖学金覆盖率高于50%的省（区、市）的数量在2007—2012年呈现增加趋势，2007年仅包括湖北、广东、湖南、安徽、四川、陕西、重庆7个省（区、市）；2010年则扩大到甘肃、内蒙古、贵州、安徽、重庆、湖北、广西、湖南、陕西、四川、云南、吉林、黑龙江、浙江、福建、广东16个省（区、市）；2012年已经包括19个省（区、市），分别为内蒙古、安徽、广西、甘肃、重庆、新疆、陕西、湖南、吉林、湖北、云南、贵州、江西、黑龙江、天津、浙江、福建、四川、山东。对比硕士留学生和博士留学生的奖学金覆盖率高于50%的地区，可以发现，博士留学生的奖学金覆盖率每年要高于硕士留学生。

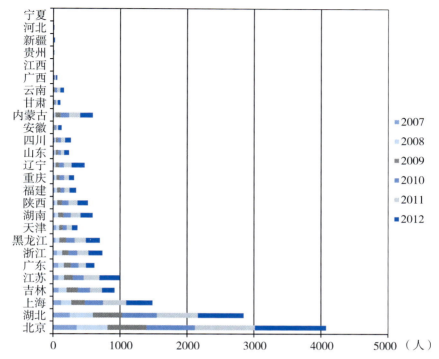

图 2-16　2007—2012 年各省（区、市）博士留学生获得奖学金的人数

【数据来源】历年《全国来华留学生简明统计报告》。

二、各省（区、市）研究生教育师资状况

师资是保证和提高研究生教育质量的重要因素之一。我国的研究生教育经历了一个较快发展时期，师资队伍的优化为我国研究生教育的持续发展提供了充分的条件支持，对于提高我国研究生教育的整体实力具有重要的推动作用。但在研究生教育快速发展的过程中，由于各省（区、市）间经济社会与文化发展的不平衡，各省（区、市）研究生教育的师资状况依然存在较大差异。

（一）各省（区、市）研究生导师数量差异显著

研究生导师数量是影响研究生培养质量的关键因素之一。2007—2012年，绝大多数省（区、市）研究生导师人数呈现增长趋势，只是在不同年份增长幅度不同，仅有部分地区的环比增长率出现下降（见表2-4）。2007—2012年，我国研究生导师省均规模为8072人，集中于东部和中部地区，其中大于平均规模的地区包括北京、江苏、上海、湖北、广东、山东、辽宁、陕西、四川、浙江、湖南、黑龙江，其余19个省（区、市）的研究生导师规模则小于平均规模。

1. 研究生导师集中在北京、上海、江苏、吉林、天津等地

研究生导师平均规模绝对值排在前三位的是北京、江苏和上海，分别为39066.17人、18970.00人和16742.33人；排在后三位的是宁夏、青海和西藏，分别为663.83人、506.67人和182.17人。从年均增长率来看，云南、天津和重庆研究生导师人数的年均增长率位列前三名，分别是20.63%、17.00%和12.59%；福建、贵州、河北位列后三名，分别是5.33%、5.01%和3.80%。高于全国年均增长率（7.71%）的地区包括云南、天津、重庆、湖北、山东、浙江、四川、甘肃、湖南、河南、青海、江西、山西、吉林、新疆、西藏、海南、江苏、广西，其余省（区、市）研究生导师人数的年均增长率低于全国年均增长率。

表2-4　2007—2012年我国各省（区、市）研究生导师人数分布

省（区、市）	平均人数（人）	标准差（人）	变异系数	年均增长率（%）
安徽	5507.50	1266.05	0.23	6.50
北京	39066.17	4471.28	0.11	6.39
福建	5333.83	1082.02	0.20	5.33
甘肃	3926.67	621.53	0.16	11.16
广东	13740.17	1811.87	0.13	6.69
广西	4350.00	774.29	0.18	7.94
贵州	2615.67	395.57	0.15	5.01

续表

省（区、市）	平均人数（人）	标准差（人）	变异系数	年均增长率（%）
海南	716.00	159.47	0.22	8.33
河北	6315.33	537.33	0.09	3.80
河南	7152.50	1095.47	0.15	10.47
黑龙江	8306.50	1161.03	0.14	6.54
湖北	14975.67	1835.27	0.12	12.56
湖南	8306.83	1036.84	0.12	10.93
吉林	7780.00	1056.01	0.14	9.02
江苏	18970.00	3293.43	0.17	8.04
江西	4496.83	723.30	0.16	9.46
辽宁	12094.17	1664.24	0.14	6.78
内蒙古	2730.17	343.29	0.13	6.56
宁夏	663.83	128.21	0.19	7.62
青海	506.67	191.35	0.38	10.29
山东	13341.50	1992.38	0.15	12.10
山西	3536.83	686.53	0.19	9.21
陕西	11055.00	1758.95	0.16	7.37
上海	16742.33	1230.27	0.07	7.45
四川	10132.17	1240.02	0.12	11.47
天津	6095.33	662.82	0.11	17.00
西藏	182.17	59.42	0.33	8.46
新疆	3057.67	651.75	0.21	8.56
云南	4338.83	841.11	0.19	20.63
浙江	8546.83	907.79	0.11	12.03
重庆	5621.00	839.06	0.15	12.59

（1）东部地区研究生导师数量排名靠前

2007—2012年，博士生导师数量排名前三位的地区是北京、上海和吉林，分别是4974.83人、1569.17人和1124.67人，合计占全国年均博士生导师数的50.75%，排名后三位的地区是西藏、贵州、海南，分别是1.33人、1.00人和0.67人，合计占全国年均博士生导师数的0.02%。硕士生导师数量排名前三位的地区是北京、江苏和山东，分别是25246.17人、14062.67人和11318.33人，合计占全国年均硕士生导师数的26.28%，排名后三位的地区是海南、青海和西藏，分别是621.50人、447.67人和180.33人，合计占全国年均硕士生导师数的0.65%。博士、硕士生导师数量排名前三位的地区是北京、上海和江苏，分别是8845.17人、4152.67人和3887.00人，合计占全国年均博士、硕士生导师数的39.77%，排名后三位的地区是青海、宁夏和西藏，分别是46.83人、21.50人和0.60人，合计占全国年均博士、硕士生导师数的0.16%（见图2-17）。

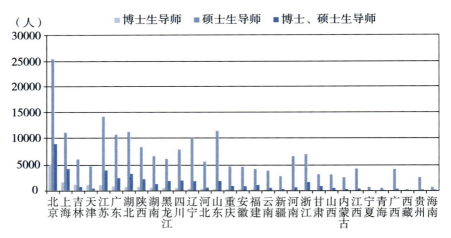

图2-17 2007—2012年各省（区、市）研究生导师人数平均值

【数据来源】历年《中国教育统计年鉴》。

（2）北京、江苏研究生导师数量增长最多

2007—2012年，博士生导师绝对数量变化排在前三位的地区是北京、吉林和湖南，分别是824.6人、583.5人和288.7人，排在后三位的地区是西藏、海南和贵州，分别是1.75人、1.63人和1.55人；硕士生导师绝对数量变化排在前三位的地区是北京、江苏和山东，分别是2693人、2582

人和 1664 人，排在后三位的地区是海南、宁夏和西藏，分别是 131.34 人、114.20 人和 58.64 人；博士、硕士生导师绝对数量变化排在前三位的地区是北京、江苏和湖南，分别是 1256 人、633 人和 461 人，排在后三位的地区是海南、宁夏和西藏，分别是 21.54 人、14.11 人和 1.34 人。

2007—2012 年，博士生导师数量相对变化排在前三位的地区是海南、贵州和西藏，变异系数分别是 2.45、1.55 和 1.31，排在后三位的地区是黑龙江、上海和天津，变异系数分别是 0.11、0.08 和 0.08；硕士生导师数量相对变化排在前三位的地区是青海、西藏和安徽，变异系数分别是 0.44、0.33 和 0.23，排在后三位的地区是浙江、河北和上海，变异系数分别是 0.10、0.09 和 0.08；博士、硕士生导师数量相对变化排在前三位的地区是西藏、宁夏和吉林，变异系数分别是 2.24、0.66 和 0.54，排在后三位的地区是四川、湖北和上海，变异系数分别是 0.12、0.11 和 0.09。

表 2-5　2007—2012 年按照指导关系划分的各地区研究生导师数量变化情况

地区	博士生导师			硕士生导师			博士、硕士生导师			重点高校	
	平均值（人）	标准差（人）	变异系数	平均值（人）	标准差（人）	变异系数	平均值（人）	标准差（人）	变异系数	"985高校"	"211高校"
北京	4974.83	824.59	0.17	25246.17	2693.44	0.11	8845.17	1256.27	0.14	8	25
上海	1569.17	124.51	0.08	11020.50	837.71	0.08	4152.67	356.38	0.09	4	9
吉林	1124.67	583.45	0.52	5961.00	810.10	0.14	694.33	373.43	0.54	1	3
天津	1074.67	88.43	0.08	4639.83	535.16	0.12	380.83	54.86	0.14		3
江苏	1020.33	234.32	0.23	14062.67	2582.04	0.18	3887.00	633.03	0.16	2	11
广东	766.33	160.24	0.21	10578.83	1324.08	0.13	2395.00	348.21	0.15	2	4
湖北	659.50	170.31	0.26	11119.50	1340.26	0.12	3196.67	363.24	0.11	2	7
陕西	647.17	163.84	0.25	8254.00	1300.03	0.16	2153.83	304.05	0.14	3	7
湖南	515.83	288.73	0.56	6574.83	820.42	0.12	1216.17	461.61	0.38	3	4
黑龙江	456.50	49.92	0.11	6052.50	804.66	0.13	1797.50	363.58	0.20	1	4
四川	443.83	186.64	0.42	7807.33	968.06	0.12	1881.00	225.83	0.12	2	5
辽宁	306.17	64.71	0.21	10018.50	1365.30	0.14	1769.50	350.36	0.20	2	4

续表

地区	博士生导师			硕士生导师			博士、硕士生导师			重点高校	
	平均值（人）	标准差（人）	变异系数	平均值（人）	标准差（人）	变异系数	平均值（人）	标准差（人）	变异系数	"985高校"	"211高校"
河北	279.33	57.74	0.21	5533.17	524.57	0.09	502.83	77.31	0.15	0	1
山东	219.50	52.25	0.24	11318.33	1663.97	0.15	1803.67	306.82	0.17	2	3
重庆	198.50	86.92	0.44	4596.00	794.69	0.17	826.50	130.04	0.16	1	2
安徽	184.17	78.50	0.43	4532.83	1039.76	0.23	790.50	171.78	0.22	1	3
福建	182.00	42.53	0.23	4112.67	875.28	0.21	1039.17	173.83	0.17	1	2
云南	98.67	36.66	0.37	3782.33	741.05	0.20	457.83	133.26	0.29	0	1
新疆	90.83	35.16	0.39	2734.50	565.15	0.21	232.33	77.31	0.33	0	2
河南	59.33	15.28	0.26	6546.50	1007.57	0.15	546.67	78.47	0.14	0	1
浙江	58.33	19.30	0.33	6914.50	712.00	0.10	1574.00	215.24	0.14	1	1
甘肃	48.67	10.25	0.21	3080.33	462.14	0.15	797.67	153.82	0.19	1	1
山西	40.00	20.97	0.52	3050.33	601.35	0.20	446.50	82.13	0.18	0	1
内蒙古	29.67	12.39	0.42	2489.33	296.12	0.12	211.17	38.43	0.18	0	1
江西	24.17	15.14	0.63	4162.00	669.19	0.16	310.67	55.64	0.18	0	1
宁夏	15.83	2.04	0.13	626.50	114.20	0.18	21.50	14.11	0.66	0	1
青海	12.17	7.55	0.62	447.67	194.74	0.44	46.83	21.54	0.46	0	1
广西	8.67	2.16	0.25	4078.17	710.62	0.17	263.17	69.43	0.26	0	1
西藏	1.33	1.75	1.31	180.33	58.64	0.33	0.60	1.34	2.24	0	1
贵州	1.00	1.55	1.55	2490.50	360.77	0.14	124.17	38.76	0.31	0	1
海南	0.67	1.63	2.45	621.50	131.34	0.21	93.83	27.21	0.29	0	1

2. 研究生导师数量与各省（区、市）"211高校"数量呈显著的正相关关系

一般而言，重点高校的博士、硕士学位授权点要多于普通高校。通过画各省（区、市）的研究生导师数量和"211高校"数量的散点图（见图2-18、图2-19、图2-20），发现研究生导师数量与各省（区、市）"211高校"数量呈正相关关系，并且随着师生指导关系的不同会呈现不同的结果。

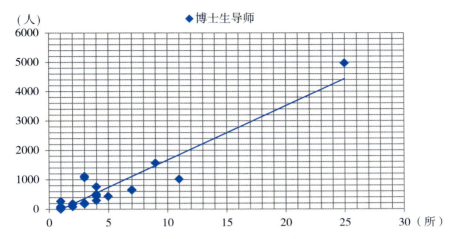

图 2-18　各省（区、市）博士生导师和"211 高校"数量的散点图

【数据来源】历年《中国教育统计年鉴》。

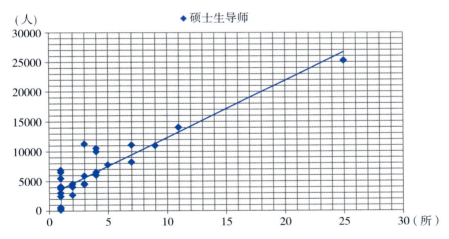

图 2-19　各省（区、市）硕士生导师和"211 高校"数量的散点图

【数据来源】历年《中国教育统计年鉴》。

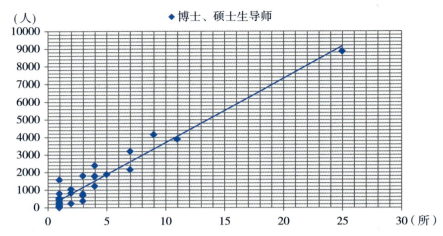

图2-20 各省（区、市）博士、硕士生导师和"211高校"数量的散点图

【数据来源】历年《中国教育统计年鉴》。

（二）陕西、重庆和四川研究生生师比均值较高

生师比是指全国、全校或全院的博士（硕士）生数与相应范围的博士（硕士）导师数之比。2007—2012年，我国研究生规模不断扩大，研究生生师比不断提高。其中，研究生生师比平均值排在前三位的是陕西、重庆和四川，分别是7.38、7.15和7.11，说明这些地区的研究生导师的负担较重，排在后三位的是西藏、河南和青海，分别是3.82、3.78和3.61。与全国平均值5.37相比，陕西、重庆、四川、安徽、天津、湖南、黑龙江、辽宁、江苏、湖北、山西、吉林、上海、甘肃、福建的年均研究生生师比高于全国平均水平，其余省（区、市）则低于全国平均水平。

如图2-21所示，博士生师比排在前三位的省（区、市）是浙江、辽宁和湖北，分别是8.58、8.32和7.63，排在后三位的是海南、宁夏和青海，分别是2.23、1.64和0.43。与全国平均值5.21相比，浙江、辽宁、湖北、陕西、四川、湖南、重庆、江苏、黑龙江、安徽、山西、内蒙古、天津、山东、吉林、上海、福建、广东、甘肃的年均博士生师比高于全国平均水平，其余省（区、市）则低于全国平均水平。硕士生师比排在前三位的省（区、市）是陕西、重庆和四川，分别是7.33、

7.17 和 7.03，排在后三位的省（区、市）是青海、河南和西藏，分别是 3.93、3.83 和 3.82。与全国平均值 5.39 相比，陕西、重庆、四川、安徽、天津、黑龙江、吉林、上海、湖南、山西、江苏、辽宁、甘肃、湖北、福建年均硕士生师比高于全国平均水平，其余省（区、市）则低于全国平均水平。

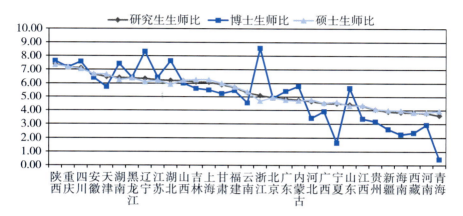

图 2-21 2007—2012 年各省（区、市）研究生生师比状况

【数据来源】历年《中国教育统计年鉴》。

（三）北京、上海和江苏的正、副教授数量位列全国前三

对各省（区、市）的研究生导师按照职称划分（见图 2-22），从平均值来看，教授数量排在前三位的省（区、市）是北京、上海和江苏，分别是 20748 人、8563 人和 8491 人，合计占全国年均教授总数的 29.76%；排在后三位的省（区、市）是青海、海南和西藏，分别是 370 人、356 人和 77 人，合计占全国年均教授总数的 0.63%。副教授数量排在前三位的省（区、市）是北京、江苏和上海，分别是 16913 人、7928 人和 9911 人，合计占全国年均副教授总数的 29.75%；排在后三位的省（区、市）是海南、青海和西藏，分别是 621.5 人、447.7 人和 180.3 人，合计占全国年均副教授总数的 0.44%。

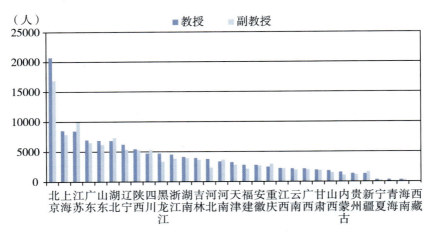

图 2-22　2007—2012 年各省（区、市）正、副教授人数分布情况

【数据来源】历年《中国教育统计年鉴》。

如图 2-23 所示，教授绝对数量变化排在前三位的省（区、市）是北京、广东和江苏，分别是 1906 人、1255 人和 1056 人；排在后三位的省（区、市）是宁夏、海南和西藏，分别是 97.61 人、55.71 人和 18.80 人。副教授绝对数量变化排在前三位的省（区、市）是江苏、北京和山东，分别是 1735 人、1708 人和 1315 人；排在后三位的省（区、市）是宁夏、青海和西藏，分别是 48.92 人、48.90 人和 40.69 人。

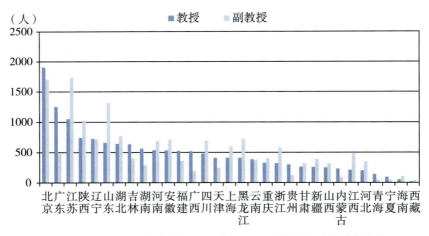

图 2-23　2007—2012 年各省（区、市）正、副教授绝对数量变化情况

【数据来源】历年《中国教育统计年鉴》。

三、各省（区、市）研究生教育与经济发展的协调性

研究生教育是一个国家教育系统的最高层次，是国家人才强国与科教兴国战略的结合点与制高点，是国家创新体系的重要组成部分（王孙禺，袁本涛，2005）。从人才培养视角、权利匹配视角、层次结构视角及产学研合作视角看，省域研究生教育对对应省（区、市）经济协调发展具有强烈的现实意义（袁本涛，王传毅，2013）。因此，本节将对我国各省（区、市）研究生教育和经济发展水平做一个综合评价，并通过比较来判定研究生教育与经济发展之间的协调关系。

（一）省域研究生教育与经济发展水平的指标与测量

一个客观存在的事物，从属性上划分，它具有本质属性和一般属性。本质属性就是指"是什么"的问题，亚里士多德称之为"实体"；除此之外，描述事物的基本方式或"范畴"还包括数量、性质、关系、何处（地点）、何时（时间）、所处（状态）、所有、动作和承受等（张志伟，2004）。对研究生教育发展水平和经济发展水平进行评价，是对研究生教育和经济发展的一般属性进行描述。为了尽可能全面地描述它们，一方面可以参照亚里士多德的十大"范畴"的描述方式，另一方面需要结合我国教育改革和发展政策中的思想和概念。譬如，1993 年颁布的《中国教育改革和发展纲要》提出："在教育事业发展上，不仅教育的规模要有较大发展，而且要把教育质量和办学效益提高到一个新水平。"党的十五大报告曾提出："稳步发展高等教育"，"优化教育结构，加快高等教育管理体制改革步伐，合理配置教育资源，提高教学质量和办学效益"。因而，从"规模、结构、质量和效益相统一"的视角来描述和评价研究生教育和经济发展水平，是一种可行的途径。此外，评价指标的选取需遵循科学性、代表性、可比性、可操作性等原则。

1. 研究生教育发展水平的评价指标体系

有学者使用了每万人口在校研究生数、正高职称教师数、副高职称教师数、生均预算内公用经费、高等学校研究与试验发展经费、研发人员中科学家和工程师数、博士点数、硕士点数等8个指标，对各省（区、市）研究生教育发展水平进行了聚类分析（赵琳，刘惠琴，袁本涛，2009），可能因为指标数量较少和分析技术需求的原因，该研究没有对这些指标进行分类和分层。该研究选取的指标中，投入方面的指标占了四分之一。考虑到经费投入是研究生教育发展的物质基础，因而本研究在"规模、结构、质量和效益"的基础上增加了"投入"维度，研究生教育发展水平指标体系将由5个一级指标和23个二级指标组成，一级指标分别为规模、结构、质量、效益和投入指标（见表2-6）。

具体而言，规模指标包括在校博士研究生数、在校硕士研究生数、博士研究生招生数、硕士研究生招生数、博士学位授予数、硕士学位授予数。结构指标主要反映研究生教育的两种类型和两个层次，类型分为学术型和专业型，层次分为博士研究生和硕士研究生，具体包括博士一级学科授权点、硕士一级学科授权点、专业博士学位授权点、专业硕士学位授权点。

质量是一个非常复杂的概念，英国学者格林（D. Green）把人们关于教育质量的各种观点分为五类，第一类是独有的、优秀的，第二类是指与预定的规格和标准相一致，第三类是指适合于目的，第四类是指实现本学校目标的效果，第五类是指满足消费者规定的和潜在需要的程度（Green，1994）。依据不同的质量观会有不同的质量评价指标，不管对教育质量的理解存在多少种可能，从教育教学的实践来看，对教育质量的衡量的核心在于特定类型、特定学段教育目标的实现程度，最终的落脚点则在于学生的全面发展（中国教科院教育质量标准研究课题组，2013）。研究生教育是以科研为导向的高级阶段教育，研究生教育质量的最终落脚点在于研究生个体的全面发展和整个体系的科研产出。为了降低评价的复杂性，并考虑到科研产出在"效益"维度会有所反映，质量指标主要从研究生教育的条件支撑和质量保障角度，来描述研究生教育质量，因而选取的指标包括博士研究生生师比、硕士研究生生师比、中高级职称教师数、国家重点实验室数。

效益指标包括人文社科学术论文数、人文社科被采纳研究与咨询报告数、自然科学学术论文数、专利授权数、专利出售数等。投入指标包括人文社科经费投入额、人文社科经费支出额、自然科学科技经费投入额、自然科学科技经费支出额等。各指标的数据分别来源于《中国学位与研究生教育发展年度报告（2013）》、《2013年高等学校科技统计资料汇编》和《2012年全国普通高校人文社科发展数据统计摘要》。

表2-6 研究生教育发展水平评价指标体系及指标描述性统计

一级指标	编号	二级指标	最小值	最大值	平均值	单位	数据来源
规模	1	在校博士研究生数	14	68684	9130	人	《中国学位与研究生教育发展年度报告（2013）》
	2	在校硕士研究生数	1065	185801	46300	人	
	3	博士研究生招生数	5	17566	2217	人	
	4	硕士研究生招生数	472	84227	20830	人	
	5	博士学位授予数	0	17130	1817	人	
	6	硕士学位授予数	223	80539	18233	人	
结构	7	博士一级学科授权点	0	525	91	个	《中国学位与研究生教育发展年度报告（2013）》
	8	硕士一级学科授权点	15	576	185	个	
	9	专业博士学位授权点	0	17	3	个	
	10	专业硕士学位授权点	3	327	90	个	
质量	11	博士研究生生师比	1	14	3.79	——	
	12	硕士研究生生师比	3	7	4.94	——	
	13	中高级职称教师数	285	45414	9627	人	
	14	国家重点实验室数	0	49	6.29	个	《2013年高等学校科技统计资料汇编》

续表

一级指标	编号	二级指标	最小值	最大值	平均值	单位	数据来源
效益	15	人文社科学术论文数	498	34191	10343	篇	《2013 年高等学校科技统计资料汇编》
	16	人文社科被采纳研究与咨询报告数	0	675	142	部	《2013 年高等学校科技统计资料汇编》
	17	自然科学学术论文数	603	78758	25810	篇	《2012 年全国普通高校人文社科发展数据统计摘要》
	18	专利授权数	1	12798	2225	项	《2012 年全国普通高校人文社科发展数据统计摘要》
	19	专利出售数	0	507	76	项	《2012 年全国普通高校人文社科发展数据统计摘要》
投入	20	人文社科经费投入额	1077.5	178657.2	32197.9	万元	《2013 年高等学校科技统计资料汇编》
	21	人文社科经费支出额	911.7	161850.1	30010.1	万元	《2013 年高等学校科技统计资料汇编》
	22	自然科学科技经费投入额	2176.7	1561536.9	247950.5	万元	《2012 年全国普通高校人文社科发展数据统计摘要》
	23	自然科学科技经费支出额	1475.0	1202436.9	191918.5	万元	《2012 年全国普通高校人文社科发展数据统计摘要》

2. 经济发展水平的评价指标体系

对经济发展水平的衡量，除了考虑地区生产总值之外，还应侧重考虑反映发展质量与效益的人均水平指标。有学者对各省的经济发展水平进行聚类分析时，使用了人均国内生产总值（GDP）、第一二三产业结构、第一二三产业就业人数、城乡居民消费支出、科技经费等指标（赵琳，刘惠琴，袁本涛，2009）。在参考已有研究的基础上，本研究中经济发展水平指标体系由 4 个一级指标和 15 个二级指标组成，一级指标分别为规模、结构、质量、效益指标（见表 2-7）。具体为，规模指标包括地区生产总值、固定资产投资总额、社会消费品零售总额、货物进出口总额；结构指标包括第二产业就业人口比重、第三产业就业人口比重、第三产业增加值占GDP 比重、城镇人口比例；质量指标包括居民消费水平、GDP 增长速度、在岗职工平均工资、城镇登记失业率；效益指标包括人均 GDP、人均财政预算收入、城镇居民人均可支配收入。数据来源于《中国统计年鉴 2013》。

表 2-7　经济发展水平的评价指标体系及指标描述性统计

一级指标	编号	二级指标	最小值	最大值	平均值	单位	数据来源
规模	1	地区生产总值	701.03	57067.92	18598.45	亿元	《中国统计年鉴2013》
	2	固定资产投资总额	670.52	31255.98	11889.95	亿元	
	3	社会消费品零售总额	254.64	22677.11	6784.10	亿元	
	4	货物进出口总额	115747	98402046	12474578.79	万美元	
结构	5	第二产业就业人口比重	8.46	67.24	43.03	%	
	6	第三产业就业人口比重	32.01	89.29	53.68	%	
	7	第三产业增加值占 GDP 比重	30.94	76.46	41.30	%	
	8	城镇人口比例	22.75	89.30	53.43	%	
质量	9	居民消费水平	5339.51	36892.86	14298.39	元	
	10	GDP 增长速度	5.14	20.18	11.79	%	
	11	在岗职工平均工资	20922.00	42882.00	26903.52	元	
	12	城镇登记失业率	1.27	4.23	3.32	%	
效益	13	人均 GDP	19710.00	93173.00	43386.74	元	
	14	人均财政预算收入	2018.97	16019.59	5035.74	元	
	15	城镇居民人均可支配收入	17156.89	40188.34	23218.63	元	

3. 研究方法

构建评价指标体系之后，可运用因子分析法降低这些指标的维度，得到各因子得分，最后计算因子总得分，从而确定一个单一的综合性指标来评价各地区研究生教育和经济发展的水平。

（1）研究生教育发展水平的综合评价

在因子分析的过程中，首先需要对原始变量进行检验，以判断是否适合进行因子分析（何晓群，2008）。SPSS 软件提供了多个统计量进行取样适应性检验，较常用的方法是 KMO 检验和球形 Bartlett 检验。一般而言，KMO 值的优劣判断标准为：该指标值在 0.9 以上，表示非常好；介于 0.8 与 0.9 之间时，表示好；0.7 至 0.8，表示一般；0.5 至 0.6，表示差；0.5 以下，则不能接受。Bartlett 球度统计量越大越好，其伴随概率小于 0.05，说明数据适合做因子分析。检验结果显示，KMO 值为 0.849，属于好的水平；球形 Bartlett 检验的伴随概率 P 值为 0.000，可以认为相关系数矩阵和单位矩阵有显著差异。所以，这表明研究生教育发展水平的 23 项指标适合做因子分析。

利用主成分法提取因子，并对因子进行方差最大正交旋转（Varimax），得到研究生教育发展水平指标的因子特征根、方差贡献率及累计方差贡献率（见表2-8）。按照特征根值大于 1 的原则，选取三个公共因子，其累计方差贡献率为 90.094%，说明这三个公共因子所代表的信息量能充分地解释并提供原始数据所表达的信息。

表 2-8　研究生教育发展水平因子特征根、方差贡献率和累计方差贡献率

因子	初始特征根			抽取载荷平方和			旋转载荷平方和		
	得分	方差贡献率（%）	累计方差贡献率（%）	得分	方差贡献率（%）	累计方差贡献率（%）	得分	方差贡献率（%）	累计方差贡献率（%）
1	18.085	78.632	78.632	18.085	78.632	78.632	14.25	61.972	61.972
2	1.444	6.277	84.909	1.444	6.277	84.909	5.048	21.949	83.921
3	1.192	5.184	90.094	1.192	5.184	90.094	1.420	6.173	90.094
4	0.805	3.502	93.596	—	—	—	—	—	—
5	0.614	2.670	96.266	—	—	—	—	—	—
6	0.354	1.540	97.807	—	—	—	—	—	—

续表

因子	初始特征根			抽取载荷平方和			旋转载荷平方和		
	得分	方差贡献率（%）	累计方差贡献率（%）	得分	方差贡献率（%）	累计方差贡献率（%）	得分	方差贡献率（%）	累计方差贡献率（%）
7	0.219	0.952	98.758	—	—	—	—	—	—
8	0.077	0.335	99.094	—	—	—	—	—	—
9	0.062	0.271	99.365	—	—	—	—	—	—
10	0.042	0.185	99.549	—	—	—	—	—	—
11	0.034	0.147	99.697	—	—	—	—	—	—
12	0.022	0.095	99.791	—	—	—	—	—	—
13	0.021	0.092	99.883	—	—	—	—	—	—
14	0.012	0.051	99.934	—	—	—	—	—	—
15	0.007	0.032	99.966	—	—	—	—	—	—
16	0.003	0.014	99.980	—	—	—	—	—	—
17	0.002	0.007	99.987	—	—	—	—	—	—
18	0.001	0.004	99.992	—	—	—	—	—	—
19	0.001	0.003	99.995	—	—	—	—	—	—
20	0.001	0.002	99.997	—	—	—	—	—	—
23	$9.422E^{-5}$	0.000	100.000	—	—	—	—	—	—

　　然后，以各因子的方差贡献率占三个因子总方差贡献率的比重作为权重进行加权汇总，得出各地区研究生教育发展水平的综合得分F_{educ}，即

$$F_{educ} = (61.972 \times F_1 + 21.949 \times F_2 + 6.173 \times F_3)/90.094 \qquad (1)$$

　　由公式（1）计算得到的综合因子得分在数值上有正负之分，为了使结果更具可读性，可对综合因子得分进行相应处理与转换。使用直线型无量纲化方法中的阈值法进行处理，阈值法处理后的结果取值范围在0—1之

间，所以将其数值统一乘以 100，使其取值范围在 0—100 之间，具体计算公式为：

$$Y_i = 100 \times (X_i - X_{min}) / (X_{max} - X_{min}) \qquad (2)$$

Y_i 为转换后的值，即研究生教育发展水平分值，其最大值为 100，最小值为 0。需要说明的是，Y_i 的最小值为 0，并不代表某一地区的实际发展水平为零，而只是表示相对的参照水平。X_{max} 为最大综合因子得分，X_{min} 为最小综合因子得分，X_i 为第 i 个地区的综合因子得分。

（2）经济发展水平的综合评价

同理，首先对经济发展水平指标体系是否适合因子分析进行检验。检验结果显示，KMO 值为 0.712，属于一般水平；球形 Bartlett 检验的伴随概率 P 值为 0.000。表明这 15 项指标适合做因子分析。其次，得到经济发展水平指标的因子特征根、方差贡献率及累计方差贡献率（见表 2—9）。按照特征根值大于 1 的原则，选入三个公共因子，其累计方差贡献率为 85.452%。

表 2-9　经济发展水平因子特征根、方差贡献率和累计方差贡献率

因子	初始特征根			抽取载荷平方和			旋转载荷平方和		
	得分	方差贡献率（%）	累计方差贡献率（%）	得分	方差贡献率（%）	累计方差贡献率（%）	得分	方差贡献率（%）	累计方差贡献率（%）
1	7.515	50.099	50.099	7.515	50.099	50.099	6.239	41.595	41.595
2	3.783	25.222	75.322	3.783	25.222	75.322	4.037	26.910	68.505
3	1.520	10.131	85.452	1.520	10.131	85.452	2.542	16.947	85.452
4	0.745	4.968	90.420	—	—	—	—	—	—
5	0.433	2.883	93.304	—	—	—	—	—	—
6	0.323	2.156	95.460	—	—	—	—	—	—
7	0.245	1.637	97.096	—	—	—	—	—	—
8	0.199	1.326	98.423	—	—	—	—	—	—
9	0.093	0.620	99.043	—	—	—	—	—	—

续表

因子	初始特征根			抽取载荷平方和			旋转载荷平方和		
	得分	方差贡献率（%）	累计方差贡献率（%）	得分	方差贡献率（%）	累计方差贡献率（%）	得分	方差贡献率（%）	累计方差贡献率（%）
10	0.051	0.338	99.380	—	—	—	—	—	—
11	0.045	0.297	99.678	—	—	—	—	—	—
12	0.028	0.188	99.866	—	—	—	—	—	—
13	0.012	0.082	99.948	—	—	—	—	—	—
14	0.006	0.040	99.988	—	—	—	—	—	—
15	0.002	0.012	100.000	—	—	—	—	—	—

经济发展水平的综合得分 F_{econ} 的计算式如下：

$$F_{econ} = (41.595 \times F_1 + 26.910 \times F_2 + 16.947 \times F_3) / 85.452 \quad (3)$$

经济发展水平的综合因子得分运用公式（2）进行处理与转换。

（二）半数以上省（区、市）研究生教育与经济发展水平基本相适应

基于上述指标体系及计算方法，对我国 31 个省（区、市）研究生教育综合发展水平进行整体评价，并从研究生教育与经济发展的关系来考察各省（区、市）研究生教育发展现状与经济发展水平的适应关系。

1. 北京、江苏、上海领先于全国的研究生教育发展水平

2012 年，研究生教育发展水平排在全国第 1—10 名的省（区、市）为：北京、江苏、上海、湖北、广东、陕西、四川、辽宁、山东、浙江；排在全国第 11—20 名的省（区、市）为湖南、黑龙江、吉林、天津、安徽、重庆、河南、福建、河北、甘肃；排在全国第 21—31 名的省（区、市）为云南、江西、山西、广西、新疆、内蒙古、贵州、海南、宁夏、西藏、青海（见图 2-24）。

图 2-24　**2012 年全国各省（区、市）研究生教育发展水平**

2. 各省（区、市）研究生教育发展水平与高等教育发展水平总体一致

通过与其他相关研究成果比较可以发现，2012 年全国各省（区、市）研究生教育发展水平与 2009 年、2010 年全国各省（区、市）研究生教育发展水平基本一致。不同年份研究生教育发展水平的相关性分析显示，2012 年与 2010 年之间的相关系数为 0.988，显著性水平为 0.01，2012 年与 2009 年之间的相关系数为 0.994，显著性水平为 0.01。

比较各省（区、市）研究生教育发展水平与高等教育发展水平发现，二者总体上是一致的，相关系数为 0.947，显著性水平为 0.01。但也有少数几个省（区、市）的研究生教育综合发展水平与高等教育综合发展水平相差较大，研究生教育发展水平远高于高等教育发展水平的省份有安徽、湖南、陕西；而研究生教育发展水平远低于高等教育发展水平的有天津、浙江。

3. 上海、浙江、江苏、广东领先于全国经济发展水平

2012 年，经济发展水平排在全国第 1—10 名的省（区、市）为：上海、浙江、江苏、广东、天津、北京、福建、山东、辽宁、内蒙古；排在全国第 11—20 名的省（区、市）为：重庆、湖北、河北、山西、河南、四川、湖南、安徽、黑龙江、江西；排在全国第 21—31 名的省（区、市）为：吉林、宁夏、陕西、广西、新疆、云南、青海、海南、贵州、甘肃和西藏（见图 2-25）。

4. 约 55% 的省（区、市）研究生教育发展水平与经济发展水平相协调

从各省（区、市）研究生教育发展水平和经济发展水平的全国位次等级差来看，研究生教育发展水平高于经济发展水平的省（区、市）有 14 个，分别为：北京、江苏、湖北、湖南、四川、陕西、辽宁、吉林、黑龙江、安徽、贵州、云南、甘肃、西藏。

研究生教育发展水平低于经济发展水平的省（区、市）有 14 个，分别为：上海、浙江、广东、福建、天津、山东、山西、河北、河南、重庆、江西、内蒙古、宁夏、青海。只有广西、海南、新疆的研究生教育发展水平和经济发展水平在全国位次一致，等级差为零。

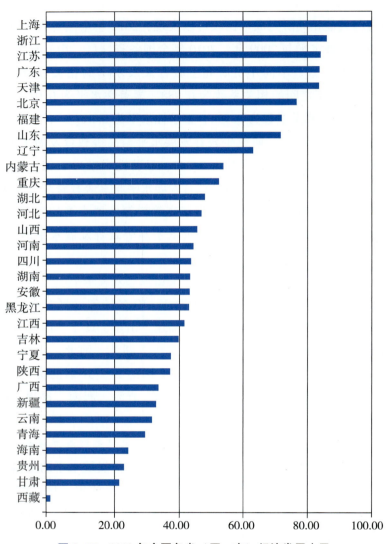

图 2-25　**2012 年全国各省（区、市）经济发展水平**

　　另外，等级差最小的 5 个省（区、市）分别为：山东、广东、辽宁、江苏、西藏。等级差最大的 6 个省（区、市）分别为：天津、福建、四川、陕西、内蒙古、甘肃（见表 2-10）。

表 2-10　**2012 年全国各省（区、市）研究生教育发展水平与经济发展水平比较**

地区	研究生教育 发展水平排名	经济发展 水平排名	等级差
北京	1	6	−5
天津	14	5	9
河北	19	13	6
山西	23	14	9
内蒙古	26	10	16
辽宁	8	9	−1
吉林	13	21	−8
黑龙江	12	19	−7
上海	3	1	2
江苏	2	3	−1
浙江	10	2	8
安徽	15	18	−3
福建	18	7	11
江西	22	20	2
山东	9	8	1
河南	17	15	2
湖北	4	12	−8
湖南	11	17	−6
广东	5	4	1
广西	24	24	0
海南	28	28	0
重庆	16	11	5
四川	7	16	−9

续表

地区	研究生教育发展水平排名	经济发展水平排名	等级差
贵州	27	29	−2
云南	21	26	−5
西藏	30	31	−1
陕西	6	23	−17
甘肃	20	30	−10
青海	31	27	4
宁夏	29	22	7
新疆	25	25	0

目前，判别研究生教育（或高等教育）发展外部协调程度的方法，主要有五种类型，分别是观察思辨判断型、二维图示直观型、描述性统计观测型、回归分析拟合型和系统建模仿真型（王传毅，赵丽娜，杨莉，2013）。其中系统建模仿真型的科学性相对较高，但仍很有改进空间，而二维图示直观型因为简洁直观，具有很大的吸引力。结合已有研究，在本研究中，可以将等级差划分为五个层级或类型，即强协调、协调、较协调、较不协调、强不协调，具体标准如表 2-11 所示。

表 2-11　2012 年全国各省（区、市）研究生教育与经济协调发展的类型

位差等级绝对值	0	[1，2]	[3，5]	[6，9]	大于等于 10
类型	强协调	协调	较协调	较不协调	强不协调
地区	广西、海南、新疆	上海、江西、河南、山东、广东、辽宁、江苏、西藏、贵州	重庆、青海、安徽、北京、云南	天津、山西、浙江、宁夏、河北、湖南、黑龙江、吉林、湖北、四川	内蒙古、福建、甘肃、陕西
数量	3	9	5	10	4

如果以等级差等于 5 作为划分协调与不协调的标准线的话，那么，2012 年全国 31 个省（区、市）中属于协调类型的地区有 17 个，仅过半多一点，而属于不协调类型的地区有 14 个。如果将边界适当放宽，以等级差为 10 来做划分的话，则属于协调的地区有 27 个，约占九成，而不协调的地区仅有 4 个。另有研究认为，2003—2010 年，北京和上海的研究生教育发展超前于经济发展，江苏、山东、河南和广东的研究生教育发展滞后于经济发展，其他省（区、市）处于协调状态（袁本涛，王传毅，胡轩，2013）。从这个角度来看，处于不协调状态的省（区、市）为 6 个，其余大多数为协调状态。该研究存在的一个问题是，其每个年份得出的结果变化较大，缺乏连续性和稳定性。综合而言，本研究倾向于认为约 55% 的省（区、市）研究生教育发展水平与经济发展水平处于协调状态。

5. 各省（区、市）研究生教育与经济发展水平呈现低水平协调和高位弱协调的特点

各省（区、市）研究生教育与经济发展水平除了协调与不协调的差别外，不同类型内部还存在着水平上的差异，有高发展水平的协调或不协调，也有低发展水平的协调或不协调。因此，还可以依据发展水平对各省（区、市）的协调情况进行划分。如果将研究生教育发展水平和经济发展水平分三个区间，将第 1—10 名设为高水平区，第 11—20 名设为中等水平区，第 21—31 名设为低水平区，那么，研究生教育与经济发展水平的协调关系可以划分为九个区间，也即通常所说的九宫格（见图 2-26）。

研究生教育和经济发展的协调程度大致可以分为六个类型：

（1）研究生教育发展水平和经济发展水平都处于高水平区，即高水平协调区，处于该区间的有北京、上海、江苏、广东、浙江、山东、辽宁等 7 个省（区、市）。

（2）研究生教育发展水平和经济发展水平都处于中等水平区，即中等水平协调区，处于该区间的有湖南、黑龙江、安徽、河南、河北、重庆等 6 个省（区、市）。

（3）研究生教育发展水平和经济发展水平都处于低水平区，即低水平协调区，处于该区间的有江西、云南、广西、甘肃、新疆、宁夏、贵州、

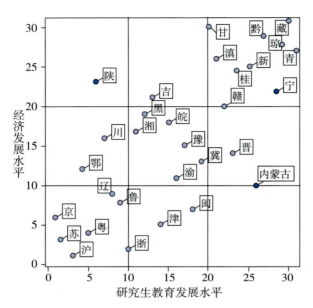

图 2-26 2012 年全国各省（区、市）研究生教育与经济发展水平散点图

海南、青海、西藏等 10 个省（区、市）。

（4）研究生教育发展水平和经济发展水平高位弱协调区，包括两种情况：一是研究生教育处于高水平区间，而经济发展水平相对滞后，处于中等水平区间，具体包括湖北、四川这两个省；二是经济发展水平处于高水平区间，而研究生教育发展水平相对滞后，处于中等水平区间，具体包括天津、福建这两个省（区、市）。

（5）研究生教育发展水平和经济发展水平低位弱协调区，也包括两种情形：一是研究生教育处于中等水平区间，而经济发展水平相对滞后，处于低水平区间，图中只有吉林一个省处于该区间；二是经济发展水平处于中等水平区间，而研究生教育发展水平相对滞后，处于低水平区间，该区间只有山西一个省。

（6）研究生教育和经济发展关系的理论"盲区"，一种是研究生教育高度发达，而经济发展水平却极度落后，另一种是经济高度发达，而研究生教育极度落后。从理论上讲，这两个区间应该属于盲区，不应该有地区

落入该区间，但图 2-26 的结果显示，内蒙古的经济发展水平位居全国第
10 位，而研究生教育发展水平处于全国的第 26 位，陕西的经济发展水平
处于全国第 23 位，而研究生教育发展水平位居全国的第 6 位。内蒙古的原
因可能主要是因为其所蕴含的丰富自然资源的巨大优势近些年来得到有效
发挥，促使了经济持续快速增长，从而使经济发展水平跃升至全国中上游
水平；而其高等教育和研究生教育的基础较为薄弱，自治区内仅有一所
"211 高校"，并且教育的发展速度通常都较为缓慢，使得研究生教育发展
速度远远落后于经济发展速度，所以形成了这样一个巨大的反差。陕西的
情况则相反，陕西拥有西安交通大学、西北工业大学和西北农林科技大学
三所"985 高校"，还有八所"211 高校"，设有国家重点实验室 14 个，研
究生教育具有深厚的历史基础和雄厚的综合实力，但其经济发展水平滞
后，所以表现出极大的反差。

在上述六种类型中，低水平协调区中的省（区、市）数量要分别大于
高水平协调区和中等水平协调区中的数量；高位弱协调区中的省（区、
市）数量，要大于低位弱协调区中的数量。从这个角度来看，我国各省
（区、市）研究生教育与经济发展水平呈现低水平协调和高位弱协调的
特点。

第三章

中国研究生教育发展的国际比较

在知识经济时代，世界各国的研究生教育都被置于国家教育发展战略的关键位置。为在激烈的国际经济、政治和军事竞争中取得主动地位，世界各国纷纷创建国家创新体系，把研究生教育作为创新驱动型发展的引擎，争取全球经济发展的领导地位。美国强大的经济实力以及在全球竞争中的优势都与其发达的研究生教育密不可分。据统计，1997—2009年，超过一半的诺贝尔化学奖、物理学奖、生理学或医学奖和经济学奖得主都是在美国获得研究生学位的。进入21世纪，研究生教育在国家发展中的地位和作用愈发重要，世界各国通过扩大研究生教育的规模，提高研究生教育的质量，改革研究生教育的培养模式，加强研究生教育的国际交流，培养和吸引高层次的研究型人才，为国家发展注入新的强劲动力。

一、研究生教育规模结构的国际比较

2007年以来，美国、英国、澳大利亚、日本和韩国等主要发达国家的研究生教育规模都出现了稳步增长。与世界主要发达国家相比，中国的研究生教育规模发展较为迅速，但研究生教育在国家教育体系中的比重仍然相对较低。同时，中国的博士研究生比例、专业学位研究生比例、非全日

制研究生比例和国际留学生比例仍然相对较低，但工科研究生比例相对
较高。

（一）中国研究生教育规模发展较为迅速

研究生教育发展规模主要体现在招生人数、在校生人数、学位授予数
量等统计指标上。本课题组利用 2007—2012 年的统计数据，将美国、英
国、澳大利亚、日本和韩国等国的研究生教育规模发展情况与中国进行了
比较，统计结果显示中国研究生教育规模发展较为迅速。

1. 中国研究生教育招生人数增长较快

从 2007 年到 2012 年，中国研究生招生人数的年均增长率明显高于澳
大利亚、美国等其他国家。在此期间，尽管澳大利亚、美国、韩国等国的
研究生教育招生人数也呈现出较快增长态势，但仍然显著低于中国的发展
水平（见表 3-1）。

表 3-1　2007—2012 年主要发达国家和中国研究生教育招生人数

国家	2007（人）	2008（人）	2009（人）	2010（人）	2011（人）	2012（人）	年均增长率（%）
美国*	397365	428162	462720	445655	441575	461704	3.05
英国	277480	306540	333660	335460	317200	305245	1.93
澳大利亚	128825	136075	148794	149048	146834	151057	3.24
日本	103436	103135	103267	107712	103143	98087	−1.06
韩国	113956	113371	120088	126958	126872	126116	2.05
中国**	418612	446422	510953	538177	560168	575438	6.57

注：＊美国数据为美国研究生院委员会的调查数据；＊＊中国数据不包含在职联考研究生
数据。

【数据来源】美国数据来源于美国研究生院委员会从 2009 年到 2013 年发布的《研究生在校人
数与学位授予年度报告》（*Graduate Enrollment and Degrees*）；英国数据来源于英国高等教育统计署
（Higher Education Statistics Agency）；澳大利亚数据来源于澳大利亚高等教育数据库（Higher Educa-
tion Data Cube，uCube）；日本数据来源于《日本统计年鉴 2012》（*Japan Statistical Yearbook 2012*）；
韩国数据来源于《2013 年韩国教育简明统计》（*2013 Brief Statistics on Koran Education*）；中国数据
来源于中国教育部官方统计数据（2007—2012 年）。

2007—2012 年，世界主要发达国家的研究生招生人数大体上都呈现出稳步增长的态势。澳大利亚的研究生招生人数从 128825 人增长到 151057 人，年均增长率为 3.24%。美国的研究生招生人数从 397365 人增长到 461704 人，年均增长率为 3.05%。韩国和英国的研究生招生人数则增长相对缓慢，年均增长率分别为 2.05% 和 1.93%，日本的研究生招生人数更是出现了负增长，年均增长率为 -1.06%。中国研究生的招生人数从 418612 人增长到 575438 人，年均增长率高达 6.57%（见图 3-1）。因此，从国际比较数据来看，世界各国都普遍重视研究生教育，研究生招生人数逐年增长，而中国在这一阶段的增长速度尤为显著，远远超过其他国家。

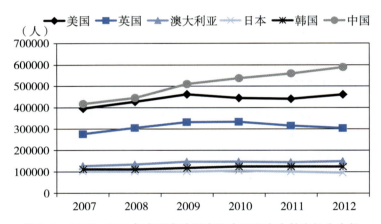

图 3-1 **2007—2012 年主要发达国家和中国研究生教育招生人数**

2. 中国研究生在校人数增长较快

从 2007 年到 2012 年，中国在校研究生年均增长率明显高于澳大利亚、韩国等其他国家。从研究生教育规模的存量来看，中国研究生在校人数也呈现出较快的增长态势（见表 3-2）。

从 2007 年到 2012 年，世界主要发达国家的研究生在校生人数大体上呈现出逐年上升的趋势。美国的研究生在校生人数在 2010 年达到顶峰之后，呈现出下降的趋势。从增长速度上看，美国研究生在校生的年均增长率为 1.94%，日本研究生在校生的年均增长率为 0.09%，表明美国和日本的研究生在校生规模大体上处于稳定的状况。澳大利亚、韩国和英国的研究生在校生规模发展较快，年均增长率分别为 3.37%、2.13% 和 1.14%。与其他国家相比，中国的研究生在校生规模发展更为迅速，从 2007 年的 1195047 人连续增长到 2012 年的 1719818 人，年均增长率高达 7.55%（见图 3-2）。

表 3-2　2007—2012 年主要发达国家和中国在校研究生数量

国家	2007 (人)	2008 (人)	2009 (人)	2010 (人)	2011 (人)	2012 (人)	年均增长率 (%)
美国	2644357	2737076	2862391	2937454	2931076	2910388	1.94
英国	506825	541615	582305	592350	571310	536440	1.14
澳大利亚	278550	289738	308551	320808	322782	328729	3.37
日本	262113	262686	263989	271454	272566	263289	0.09
韩国	296576	301412	306471	316633	329933	329544	2.13
中国	1195047	1283046	1404942	1538416	1645845	1719818	7.55

【数据来源】美国数据来源于《教育统计文摘 2013》（*Digest of Education Statistics 2013*）；英国数据来源于英国高等教育统计署（Higher Education Statistics Agency）；澳大利亚数据来源于澳大利亚高等教育数据库（Higher Education Data Cube, uCube）；日本数据来源于《日本文部科学统计要览》（平成 25 年版）；韩国数据来源于《2013 年韩国教育简明统计》（*2013 Brief Statistics on Koran Education*）；中国数据来源于中国教育部官方统计数据（2007—2012 年）。

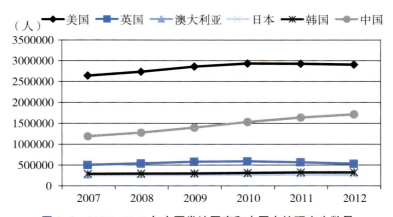

图 3-2　2007—2012 年主要发达国家和中国在校研究生数量

3. 中国研究生学位授予数量增长较快

从 2007 年到 2012 年，中国研究生学位授予数量年均增长率高于英国、澳大利亚等国。从研究生教育的结果来看，尽管英国、美国和澳大利亚的研究生学位授予数量增长较快，但也明显低于中国的发展水平（见表 3-3）。

表 3-3　2007—2012 年主要发达国家和中国研究生学位授予数量

国家	2007 （个）	2008 （个）	2009 （个）	2010 （个）	2011 （个）	2012 （个）	年均增长率 （%）
美国	755287	780044	816504	851583	894400	924291	3.16
英国	202010	204560	226330	252155	264090	264165	5.51
澳大利亚	92761	99840	103584	110954	116346	112948	4.02
日本	92114	91531	90310	95499	—	—	1.21
韩国	79174	82293	85597	87870	91048	95008	3.71
中国	410565	455006	488531	502551	551398	621549	8.65

【数据来源】美国数据来源于《教育统计文摘 2013》（*Digest of Education Statistics 2013*）；英国数据来源于英国高等教育统计署（Higher Education Statistics Agency）；澳大利亚数据来源于澳大利亚高等教育数据库（Higher Education Data Cube, uCube）；日本数据来源于《日本文部科学统计要览》（平成 25 年版）；韩国数据来源于《2013 年韩国教育简明统计》（*2013 Brief Statistics on Koran Education*）；中国数据来源于《中国学位与研究生教育发展报告 2013》。

从 2007 年到 2012 年，世界主要发达国家的研究生学位授予数量都呈现出稳步增长的态势。美国的研究生学位授予数量从 2007 年的 755287 个增长到 2012 年的 924291 个，年均增长率为 3.16%。相比而言，英国和澳大利亚的研究生学位授予数量的增长则较快，年均增长率分别为 5.51% 和 4.02%，表明这些国家的研究生教育发展较快。中国的研究生学位授予数量则从 2007 年的 410565 个增长到 2012 年的 621549 个，年均增长率为 8.65%，在这些国家中为最高（见图 3-3）。

4. 中国研究生教育占高等教育规模的比重相对较低

2012 年，中国在校研究生人数占全部高等教育在校生人数的比例低于澳大利亚、英国和美国等国。中国研究生教育在整个高等教育中的相对比重较低（见图 3-4）。

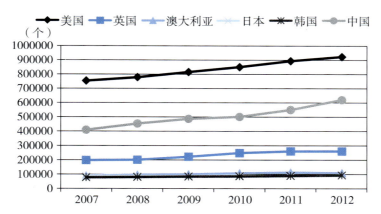

图 3-3　**2007—2012 年主要发达国家和中国研究生学位授予数量**

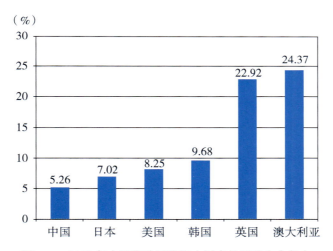

图 3-4　**2012 年主要发达国家和中国在校研究生人数占**
全国高等教育在校生数的比例

【数据来源】美国数据来源于《教育统计文摘 2013》（*Digest of Education Statistics 2013*）；英国数据来源于英国高等教育统计署（Higher Education Statistics Agency）；澳大利亚数据来源于澳大利亚高等教育数据库（Higher Education Data Cube，uCube）；日本数据来源于《日本文部科学统计要览》（平成 25 年版）；韩国数据来源于《2013 年韩国教育简明统计》（*2013 Brief Statistics on Koran Education*）；中国数据来源于中国教育部官方统计数据（2007—2012 年）。各国高等教育在校生总数来源于联合国教科文组织教育统计数据库（UNESCO Education Statistics）。

从高等教育的结构来看，中国在校研究生人数占高等教育在校生总数的比例，与其他国家相比处于相对较低的水平，中国在校研究生人数占全部高等教育在校生的比例为 5.26%，而英国和澳大利亚高等教育中在校研究生的比例则相对较高，分别为 22.92% 和 24.37%，这表明两个国家的研究生教育在整个高等教育发展中居于显著的位置。

5. 研究生教育发展水平与国家经济发展水平

与其他国家相比，2011 年中国研究生教育发展水平与国家经济发展水平都处于相对较低的位置。根据国际比较数据，研究生教育发展水平一般与国家经济发展水平呈正相关，中国研究生教育尽管规模发展迅速，但仍需要更好地适应国家经济发展水平（见表 3-4）。

表 3-4　2011 年各国 25—64 岁人口中受过高级研究教育的人数比例与人均 GDP

国家	25—64 岁人口中受过第三级 5A 及高级研究教育的人数比例（%）	人均 GDP（美元）
美国	32	48387
英国	30	36090
澳大利亚	28	40234
韩国	28	31714
加拿大	27	40541
俄罗斯	27	16736
日本	26	34740
法国	18	35156
德国	16	37897
巴西	12	11769
中国	4.45	7503

【数据来源】经济合作与发展组织《教育概览 2013》（Education at a Glance 2013）；International Monetary Fund 官方统计；中国数据根据第六次全国人口普查数据整理。

根据 2011 年的统计，25—64 岁劳动人口中受过高级研究教育的人数比例超过 25% 的国家中，除俄罗斯之外，其他国家的人均 GDP 都在 30000 美元以上。其中，美国的高级劳动力人数比例和人均 GDP 在这些国家中都处于最高水平，显示了二者之间的相关性。大体上说，受过研究生教育的劳动人口比例与国家的经济发展水平具有一定的正相关性。高级专门人才为国家发展提供了强大的人力资源，但同时高级专门人才的培养也需要国家经济社会发展的强大支撑。某些国家（如俄罗斯）尽管高级专门人才较多，但与国家经济社会发展的适应性还略显不足（见图3-5）。

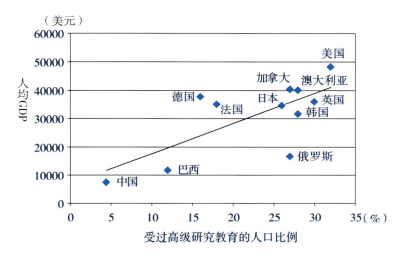

图 3-5　2011 年各国受过高级研究教育的人口比例与人均 GDP 关系的散点图

（二）中国研究生教育结构有待改善

本课题组利用 2007 年到 2012 年的国际统计数据，对美国、英国、澳大利亚、日本、韩国与中国的研究生教育结构进行了比较。研究生教育结构主要表现在：硕士和博士研究生人数及学位授予数量比例、学术学位和专业学位研究生比例、各学科研究生比例、男女研究生比例，以及全日制和非全日制研究生比例。

1. 中国在校博士生比例偏低，硕士研究生增长较快

2012 年，中国在校研究生中博士生所占的比例低于日本、美国等其他国家，并且近五年硕士在校研究生增长迅速（见表3-5）。

表 3-5　　2012 年各国硕士和博士在校生所占比例

（单位：%）

国家	硕士在校研究生比例	博士在校研究生比例
美国	74.10	25.90
英国	76.66	23.34
澳大利亚	78.54	21.46
日本	69.44	30.56
韩国	81.09	18.91
中国	83.50	16.50

【数据来源】美国数据来源于美国研究生院委员会《研究生在校人数与学位授予年度报告》（*Graduate Enrollment and Degrees : 2002-2012*）；英国数据来源于英国高等教育统计署（Higher Education Statistics Agency）；澳大利亚数据来源于《高等教育统计数据摘编》 （*Selected Higher Education Statistics 2012*）；日本数据来源于《日本统计年鉴 2012》（*Japan Statistical Yearbook 2012*）；韩国数据来源于《2013 年韩国教育简明统计》（*2013 Brief Statistics on Koran Education*）；中国数据来源于中国教育部官方统计数据。

　　2012 年，日本、美国、英国和澳大利亚等国的在校研究生中，博士研究生所占比例分别为 30.6%、25.9%、23.3% 和 21.5%，而硕士研究生所占的比例则相对较低。相比之下，中国在校研究生中，博士研究生所占比例则偏低，仅为 16.5%，而硕士研究生所占比例相对较高，为 83.5%（见图 3-6）。

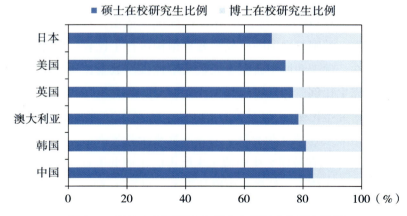

图 3-6　　2010 年各国硕士和博士在校研究生所占比例

从发展趋势来看，从 2007 年到 2012 年，美国和中国硕士研究生在校人数的增长较为显著。其中，中国硕士在校研究生人数的增长尤为显著，年均增长率达到了 8.1%，而美国硕士在校研究生的年均增长率为 3.3%。相比之下，美国和中国博士研究生在校人数则保持相对稳定（见图 3-7）。

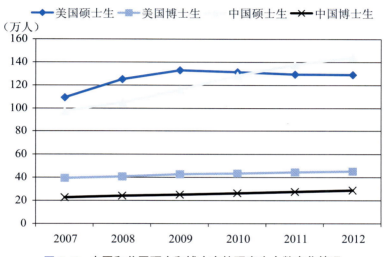

图 3-7　中国和美国硕士和博士在校研究生人数变化情况

【数据来源】美国数据来源于美国研究生院委员会《研究生在校人数与学位授予年度报告》（*Graduate Enrollment and Degrees*）；中国数据来源于中国教育部官方统计数据。

2. 中国博士学位授予比例偏低，并有下降的趋势

2012 年，中国研究生学位授予总量中博士学位的比例低于美国、日本、韩国等国，并且在近五年博士学位授予比例出现了下降（见表 3-6）。

2012 年，在研究生学位的授予数量中，日本、韩国、美国和英国的博士学位授予比例相对较高，分别为 17.55%、12.89%、18.40% 和 11.46%。相比之下，中国研究生学位授予总量中，博士学位的授予比例相对较低，为 9.06%（见图 3-8）。

表 3-6　**2012 年各国硕士和博士学位授予数量所占比例**

（单位：%）

国家	硕士学位比例	博士学位比例
美国	81.60	18.40
英国	88.54	11.46
澳大利亚	90.19	9.81
日本	82.45	17.55
韩国	87.11	12.89
中国	90.94	9.06

注：日本数据为 2010 年的。

【数据来源】美国数据来源于《教育统计文摘 2013》（*Digest of Education Statistics 2013*）；英国数据来源于英国高等教育统计署（Higher Education Statistics Agency）；澳大利亚数据来源于《高等教育统计数据摘编》（*Selected Higher Education Statistics 2012*）；日本数据来源于《日本文部科学统计要览》（平成 25 年版）；韩国数据来源于《2013 年韩国教育简明统计》（*2013 Brief Statistics on Koran Education*）；中国数据来源于《中国学位与研究生教育发展报告 2013》。

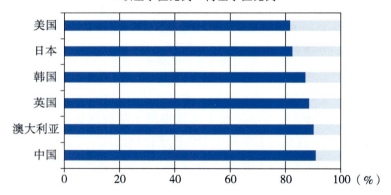

图 3-8　**2012 年各国硕士和博士学位授予数量所占比例**

　　从发展趋势上看，2007 年到 2012 年，中国和美国授予的研究生学位中，硕士学位的数量增长较快，而博士学位的授予数量则大体持平。在此期间，中国授予的硕士学位数量增长尤为迅速，从 2007 年的 264699 个增长到 2012 年的 565211 个，年均增长率为 16.38%，而美国硕士学位授予数量的年均增长率仅为 4.32%（见图 3-9）。

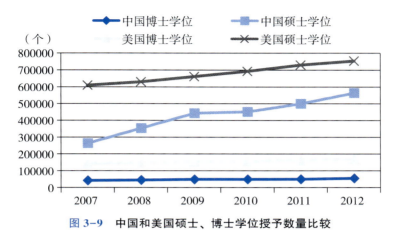

图 3-9　中国和美国硕士、博士学位授予数量比较

【数据来源】美国数据来源于《教育统计文摘 2013》(*Digest of Education Statistics 2013*)；中国数据来源于历年《中国学位与研究生教育发展报告》。

从博士和硕士学位授予数量的结构变化来看，2007 年中国博士学位授予数量占全部研究生学位授予数量的 13.99%，到 2012 年博士学位所占的比例下降到 9.06%（见图 3-10）。

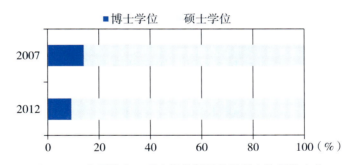

图 3-10　中国博士、硕士学位授予数量所占比例的变化

【数据来源】美国数据来源于《教育统计文摘 2013》(*Digest of Education Statistics 2013*)；中国数据来源于历年《中国学位与研究生教育发展报告》。

3. 中国专业学位研究生比例偏低，但发展迅速

2012 年，中国专业学位研究生所占比例低于澳大利亚、英国和美国等国，但近几年专业学位研究生教育发展比较迅速（见表 3-7）。

表 3-7 **2012 年各国专业学位与学术学位研究生所占比例**

（单位：%）

国家	学术学位比例	专业学位比例
美国	36.04	63.96
英国	9.13	90.87
澳大利亚	8.05	91.95
日本	92.38	7.62
韩国	46.83	53.17
中国	67.60	32.40

注：美国数据为 2011 年博士学位数据。

【数据来源】美国数据来源于美国国家教育统计中心的高等教育综合数据系统（Integrated Post-secondary Education Data System）；英国数据来源于英国高等教育统计署（Higher Education Statistics Agency）；澳大利亚数据来源于《高等教育统计数据摘编》（*Selected Higher Education Statistics 2012*）；日本数据来源于《日本文部科学统计要览》（平成 25 年版）；韩国数据来源于《2013 年韩国教育简明统计》（*2013 Brief Statistics on Koran Education*）；中国数据来源于《中国学位与研究生教育发展报告 2013》。

2012 年，在学术学位和专业学位的结构比例中，澳大利亚和英国的专业学位授予比例相对较高，分别为 91.95% 和 90.87%，表明两国专业学位研究生教育的比重相对较大。相比之下，中国和日本的专业学位授予比例相对较低，分别为 32.40% 和 7.62%，表明两国的研究生教育结构类别仍然相对单一，以培养传统的学术型研究生为主（见图 3-11）。

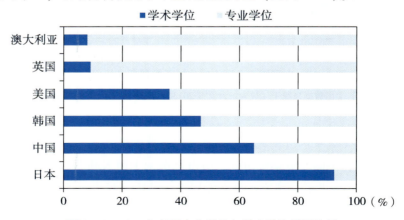

图 3-11 **2012 年各国专业学位与学术学位授予比例**

从发展趋势来看，从 2005 年到 2012 年，中国研究生教育中专业学位授予人数所占的比例从 18.97% 增长到 32.40%，增加了 16.43 个百分点。同期，澳大利亚专业学位授予人数所占比例从 81.64% 增长到 91.95%，增加了 10.31 个百分点。相比之下，中国专业学位研究生教育的发展更为迅速（见图 3-12）。

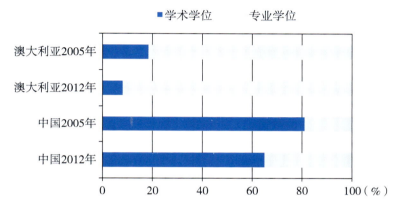

图 3-12 **2005 年与 2012 年中国和澳大利亚学术学位与专业学位授予比例**

4. 中国工科研究生比例偏高

2011 年，中国在校研究生人数最多的专业类别是工学，而美国、英国和澳大利亚在校研究生人数最多的专业类别是人文社会科学。

2011 年，从各专业研究生在校生人数的比例来看，美国、英国和澳大利亚等国在校研究生比例较高的专业大部分都是人文社会科学，而日本和中国的在校研究生比例较高的专业则主要是理工科。美国在校研究生人数比例最高的专业是教育学，占总人数的 20.8%，其次是商业和健康科学，分别为 16.3% 和 12.2%。英国在校研究生比例最高的专业是商业与行政研究，占总人数的 20.0%，其次是教育学和医学，分别是 16.6% 和 10.1%。澳大利亚在校研究生比例最高的专业是管理与商务，占总人数的 26.2%，其次是社会与文化以及健康，分别为 20.8% 和 13.4%。日本在校研究生比例最高的专业是工学，占总人数的 42.4%，接近总人数的一半，其次是社会科学和理学，分别为 11.0% 和 8.3%。对于中国而言，在校研究生人数最多的专业也是工学，占总人数的 35.6%，其次是管理学和医学，分别为

13.0%和11.2%。

从发展趋势来看，从2001年到2011年，美国在校研究生人数增长最快的专业是健康科学，年均增长率为8.9%，其次是商业以及生物与农业，年均增长率分别为3.8%和3.6%（见图3-13）。同期，中国在校研究生人数增长最快的专业是教育学，年均增长率为21.7%，其次是文学和军事学，年均增长率分别为18.9%和18.3%（见图3-14）。这些数据表明了中美两国在校研究生学科结构的差异。

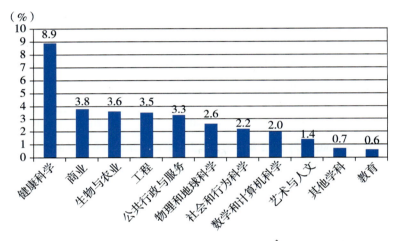

图 3-13 2001—2011 年美国研究生分学科年均增长率

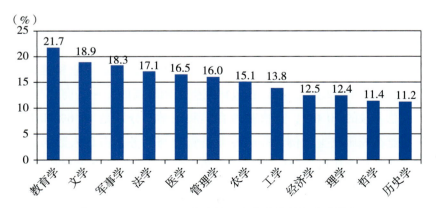

图 3-14 2001—2011 年中国研究生分学科年均增长率

5. 中国非全日制研究生比例偏低

2012 年，中国非全日制研究生的比例低于澳大利亚、英国和美国等国。2012 年，从在校研究生的类别结构上来看，澳大利亚、英国和美国的非全日制研究生比例都相对较高，分别为 51.66%、44.73% 和 43.68%（见表 3-8 和图 3-15），表明这些国家的研究生教育更加多元和灵活，能够满足更多群体的求学需求。

表 3-8　2012 年各国全日制和非全日制研究生所占比例

（单位:%）

国家	全日制研究生比例	非全日制研究生比例
美国	56.32	43.68
英国	55.27	44.73
澳大利亚	48.34	51.66
日本	87.33	12.67
韩国	66.23	33.77
中国	77.50	22.50

注：日本数据为私立研究生院数据，中国数据为 2010 年的。

【数据来源】美国数据来源于《教育统计文摘 2013》（*Digest of Education Statistics 2013*）；英国数据来源于英国高等教育统计署（Higher Education Statistics Agency）；澳大利亚数据来源于澳大利亚高等教育数据库（Higher Education Data Cube，uCube）；日本数据来源于《日本统计年鉴 2014》（*Japan Statistical Yearbook 2014*）；韩国数据来源于《韩国教育统计年鉴 2013》（*Statistical Yearbook of Education 2013*）；中国数据来源于教育部官方统计数据。

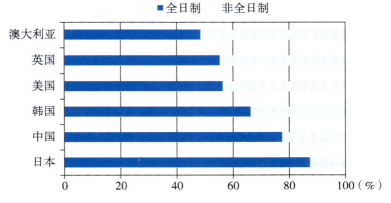

图 3-15　2012 年各国全日制和非全日制研究生所占比例

从发展趋势上看，从2001年到2012年，澳大利亚和美国的全日制研究生都呈现出快速增长的态势，而非全日制研究生的增长则相对平稳。澳大利亚和美国全日制研究生的年均增长率分别为7.1%和3.9%，而非全日制研究生的年均增长率则分别为2.6%和1.7%，美、澳两国全日制研究生的增长速度明显高于非全日制研究生（如图3-16所示）。

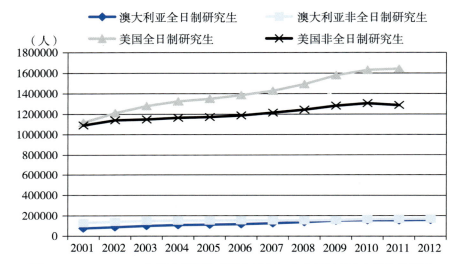

图3-16 2001—2012年澳大利亚和美国全日制与非全日制研究生的变化情况

【数据来源】澳大利亚数据来源于澳大利亚高等教育数据库（Higher Education Data Cube，uCube）；美国数据来源于《教育统计文摘2013》（*Digest of Education Statistics 2013*）。

6. 中国男女研究生比例大体持平，但女研究生增长较快

2012年，中国在校男女研究生的比例大体持平，并且近五年女研究生人数的增长较为显著。

2012年，从在校研究生的性别结构来看，美国和澳大利亚女研究生的比例相对较高，分别为58.59%和55.26%，而日本的女研究生比例仅为30.56%。英国、韩国和中国的女研究生比例则接近总人数的一半，分别为44.41%、48.26%和48.98%（见表3-9和图3-17）。研究生的性别结构不仅反映了国家的人口结构，也反映了女性接受高等教育的机会。

表 3-9　**2012 年各国在校研究生的性别结构比例**

（单位:%）

国家	男研究生比例	女研究生比例
美国	41.41	58.59
英国	55.58	44.41
澳大利亚	44.74	55.26
日本	69.44	30.56
韩国	51.74	48.26
中国	51.02	48.98

【数据来源】美国数据来源于《教育统计文摘 2013》（*Digest of Education Statistics 2013*）；英国数据来源于英国高等教育统计署（Higher Education Statistics Agency）；澳大利亚数据来源于澳大利亚高等教育数据库（Higher Education Data Cube, uCube）；日本数据来源于《日本文部科学统计要览》（平成 25 年版）；韩国数据来源于《2013 年韩国教育简明统计》（*2013 Brief Statistics on Koran Education*）；中国数据来源于教育部官方统计数据。

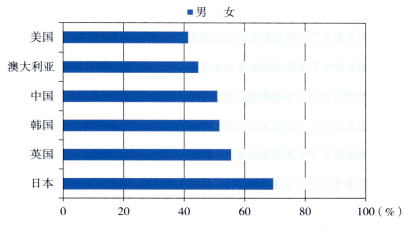

图 3-17　**2012 年各国在校研究生的性别结构比例**

从发展趋势上看，2007 年到 2012 年，美国男女研究生的年均增长率分别为 2.06% 和 1.85%，但每年女研究生的总量都超过了男研究生。同期，中国男女研究生的年均增长率分别为 5.85% 和 9.52%，女研究生的增长速度较快（见图 3-18）。

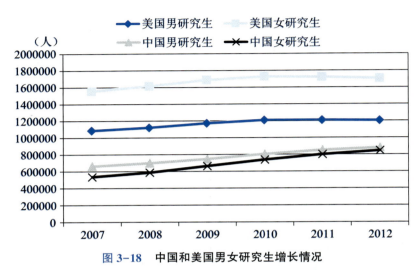

图 3-18　中国和美国男女研究生增长情况

【数据来源】美国数据来源于《教育统计文摘 2013》（*Digest of Education Statistics 2013*）；中国数据来源于教育部官方统计数据。

7. 中国国际研究生比例偏低

2012 年，中国在校研究生中国际学生所占的比例明显低于澳大利亚、英国、日本和美国等国（见表 3-10）。

表 3-10　**2012 年各国在校研究生中本国学生和国际学生的结构比例**

（单位：%）

国家	本国学生比例	外国留学生比例
美国	88.58	11.42
英国	62.93	37.07
澳大利亚	67.64	32.36
日本	84.91	15.09
韩国	93.92	6.08
中国	98.53	1.47

注：中国数据为 2011 年的。

【数据来源】美国数据来源于《教育统计文摘 2013》（*Digest of Education Statistics 2013*）；英国数据来源于英国高等教育统计署（Higher Education Statistics Agency）；澳大利亚数据来源于澳大利亚高等教育数据库（Higher Education Data Cube, uCube）；日本数据来源于《日本文部科学统计要览》（平成 25 年版）；韩国数据来源于《2013 年韩国教育简明统计》（*2013 Brief Statistics on Koran Education*）；中国数据来源于《中国教育统计年鉴 2012》。

2012 年，从国际学生所占比例来看，英国和澳大利亚的国际学生比例相对较高，分别占在校研究生总人数的 37.1% 和 32.4%，日本和美国的国际学生比例也相对较高，分别为 15.1% 和 11.4%。相比之下，中国的国际学生比例就相对偏低，仅占研究生总人数的 1.4%（见图 3-19），这表明中国的研究生教育国际化程度有待提高。

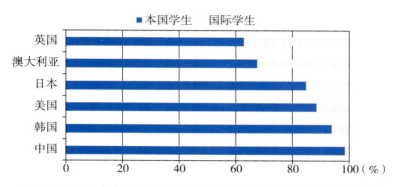

图 3-19 **2012 年各国在校研究生中本国学生和国际学生的结构比例**

从发展趋势来看，从 2007 年到 2012 年，澳大利亚的在校研究生中，国际学生人数从 273275 人增长到 325961 人，年均增长率为 3.59%。相比之下，中国国际学生人数从 10846 人增长到 36060 人，年均增长率为 27.16%（见图 3-20）。这表明中国研究生教育的国际化程度虽然不高，但发展迅速。

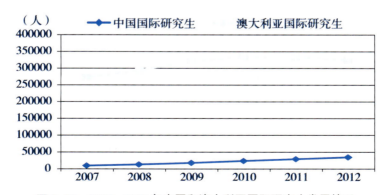

图 3-20 **2007—2012 年中国和澳大利亚国际研究生发展情况**

【数据来源】澳大利亚数据来源于澳大利亚高等教育数据库（Higher Education Data Cube, uCube）；中国数据来源于 2008 年到 2013 年《全国来华留学生简明统计报告》。

二、研究生教育支撑条件的国际比较

研究生教育发展的支撑条件主要体现在师资和经费两个方面。研究生教育的师资规模和结构在最近出现了较大变化，中国研究生教育在教师数量、生师比，以及职称、职务、年龄、性别、身份等方面与其他国家具有较大差异。同时，中国研究生教育的经费投入总量和比例与其他国家也有很大不同。

（一）中国高校生师比偏高

高校教师规模的总体情况可以反映出各国研究生教育师资保障的水平。从高校教师总量和生师比的发展情况来看，中国研究生教育的师资保障水平尽管有较快提高，但生师比仍然相对较高。

1. 中国高校教师人数增长较快

2001—2011 年，中国高校教师的年均增长率不仅高于英国、美国等发达国家，而且也高于巴西等发展中国家（见表 3–11）。

表 3–11　2001—2011 年各国高校教师的数量

国家	2001（人）	2005（人）	2007（人）	2009（人）	2011（人）	年均增长率（%）
俄罗斯	547405	624916	679229	669970	—	2.3
澳大利亚	78205	90407	95062	102930	109524	3.4
日本	477161	496528	515732	524082	531768	1.1
韩国	150860	190556	201851	215660	230048	4.3
巴西	203406	292504	367638	340817	357418	5.8
德国	272850	287251	295447	339807	392507	3.7
英国	96450	122305	129930	137950	139758	3.8
美国	1029824	1208213	1310453	1405267	1481380	3.7
中国	588641	1404174	1477940	1493905	1606554	10.6

【数据来源】联合国教科文组织教育统计数据库（UNESCO Education Statistics）。

从 2001 年到 2011 年，世界主要发达国家的高校教师数量都出现了不同程度的增长。中国的高校教师数量从 2001 年的 588641 人增加到 2011 年的 1606554 人，年均增长率为 10.6%。同期，巴西和韩国的高校教师数量也出现了较快增长，年均增长率分别为 5.8% 和 4.3%。而英国、美国、德国和澳大利亚的高校教师年均增长率分别为 3.8%、3.7%、3.7% 和 3.4%。相比之下，日本的高校教师数量增长则相对平缓，年均增长率为 1.1%（见图 3-21）。高等教育机构中教师数量的变化反映了各国高等教育的规模发展状况。

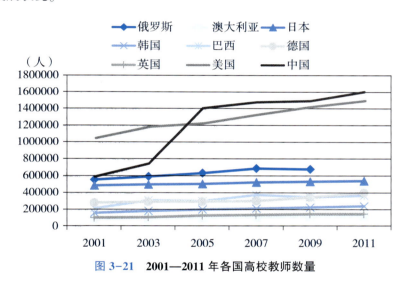

图 3-21 2001—2011 年各国高校教师数量

2. 中国高校生师比偏高

2011 年，中国高等教育机构中的生师比高于英国、美国、日本、澳大利亚等国（见表 3-12）。生师比反映了教师的充裕程度，国际比较来看，尽管中国高校教师规模增长迅速，但是生师比仍然偏高，不能很好地满足教育发展的需求。

表 3-12　**2011 年高等教育机构中的生师比**

国家	高等教育机构中的生师比
澳大利亚	11.1：1
日本	7.3：1
韩国	14.6：1
巴西	19.4：1
德国	7.0：1
英国	17.8：1
美国	14.2：1
中国	19.5：1

【数据来源】根据联合国教科文组织教育统计数据库（UNESCO Education Statistics）中高校在校生数据和教师数据整理得出。

　　2011 年，德国、日本和澳大利亚的生师比相对较低，分别为 7.0：1、7.3：1 和 11.1：1，这表明这些国家的教师资源相对充裕，能够满足高校学生的教育需求。美国、韩国和英国的高校生师比则处于中等水平，分别为 14.2：1、14.6：1 和 17.8：1。相比之下，巴西和中国的高校生师比则相对较高，分别为 19.4：1 和 19.5：1，这表明两国的高校教师资源比较紧张，支撑高等教育（包括研究生教育）的师资力量略显不足（见图 3-22）。

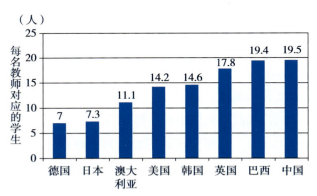

图 3-22　**2011 年各国高等教育机构中的生师比**

（二）中国高校师资结构不够合理

高校教师的结构水平主要体现在拥有高级职称教师的比例、学术人员与行政人员的比例，以及年龄、性别的分布情况。比较合理的师资结构能够更好地满足研究生教育发展对师资数量和质量提出的要求。

1. 中国高校中具有高级职称教师的比例偏低

2011 年，中国高等教育机构中具有高级职称教师的比例低于美国等发达国家，但教师的专业技术水平提升较快。从高等教育机构中教师的职称结构来看，美国高级职称教师在师资队伍中的比重较高，其中教授所占的比例从 2007 年到 2011 年都是最高，都在 23% 以上。其次是助理教授和副教授，二者所占的比例也都在 20% 以上（见图 3-23）。美国高等教育机构中，高级职称教师所占的比例总计在 67% 以上，这表明美国高等教育机构中教师的专业技术水平较高。相比之下，中国高校教师中具有高级职称的教师比例偏低，其中正高级教师在 2011 年仅占 11.5%，副高级教师则占 28.3%，高级职称教师的比例总计不超过 40%，这表明中国高校教师的专业技术水平有待提高。

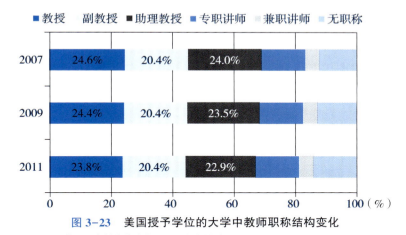

图 3-23 美国授予学位的大学中教师职称结构变化

【数据来源】美国国家教育统计中心的《教育统计文摘 2013》（*Digest of Education Statistics 2013*）。

从发展趋势上来看，美国高校中具有高级职称的教师比例从 2007 年到 2011 年出现了下降的趋势，从 2007 年的 69.0% 降低到 2011 年的 67.1%。相比之下，同期中国高校中具有高级职称的教师比例则从 37.6% 提高到 39.8%（见图 3-24），这表明中国高校教师的专业技术水平提升较快。

图 3-24 中国高等教育机构中教师的职称结构变化

【数据来源】中国教育部官方统计数据。

2. 中国高校中非学术人员的比例偏低

2011 年，中国高校教师中非学术人员的比例低于英国和美国等国，并且学术人员比例的增长速度较快。2011 年，从高等教育机构中教师的职务结构来看，英国和美国学术人员的比例接近总人数的一半，分别为 48.0% 和 49.0%。相比之下，中国高等教育机构中学术人员的比例则相对较高，为 64.6%（见图 3-25），这表明中国高等教育机构为应对规模扩张增加了学术人员的比例，但是非学术人员构成的支持体系尚未健全，高校的管理和服务职能可能面临严峻挑战。

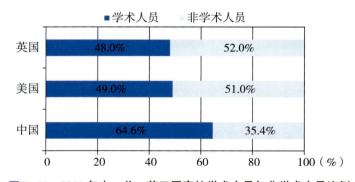

图 3-25 2011 年中、美、英三国高校学术人员与非学术人员比例

【数据来源】美国数据来源于《教育统计文摘 2013》（*Digest of Education Statistics 2013*）；英国数据来源于英国高等教育统计署（Higher Education Statistics Agency）；中国数据来源于教育部官方统计数据。

从发展趋势上看，从 2004 年到 2011 年，英国高校教师中学术人员和非学术人员的数量都出现了增长，其中学术人员的年均增长率为 1.7%，而非学术人员的年均增长率为 0.8%（见图 3-26），这表明英国在维持高校教师基本职能结构的同时，适当增加了学术人员的比重。从 2002 年到 2012 年，中国高校教师中学术人员的年均增长率为 6.9%，而非学术人员的年均增长率为 0.7%，学术人员的增长速度远远超过了非学术人员（见图 3-27）。

图 3-26　英国高校教师中学术人员和非学术人员变化情况

【数据来源】英国高等教育统计署（Higher Education Statistics Agency）。

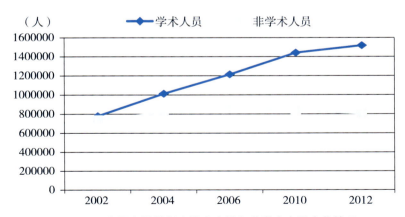

图 3-27　中国高校教师中学术人员和非学术人员变化情况

【数据来源】根据中国教育部官方统计数据整理。

3. 中国高校教师的年轻化程度较高

2011 年，中国高校教师队伍中年轻教师的比例高于德国、加拿大、巴西、英国、法国和韩国（见图 3-28）。

■ 30 岁以下　30—40 岁　41—50 岁　■ 51—60 岁　60 岁以上

图 3-28　2011 年各国高校中教师的年龄结构

【数据来源】经济合作与发展组织教育统计数据库（OECD Education Statistics）。

2011 年，从教师的年龄结构来看，韩国、法国和英国高校中 40 岁及以下教师的比例较低，分别为 17.7%、25.9% 和 29.5%。而中国和德国高等教育机构中同龄教师的比例则相对较高，分别为 61.7% 和 49.2%，这表明中国和德国高校教师的年轻化程度较高。相比之下，韩国、法国和英国处于中间年龄段（40—60 岁）的教师比例相对较高（见图 3-28），这些国家高校教师的年龄结构更加合理。中国高校教师的年轻化趋势与近几年高等教育的规模扩张和教师人数的增长有关。

4. 中国高校男女教师的比例大体持平

2011 年，中国高校教师队伍中男女教师的比例结构和增长速度大体持平。2011 年，从高等教育机构中教师的性别结构来看，澳大利亚、美国和英国高校女教师的比例相对较高，都超过了总人数的一半，分别为 55.9%、54.3% 和 53.8%；中国高校女教师的比例则接近一半，为 45.8%。相比之下，日本高校女教师的比例则相对偏低，仅为 24.5%（见图 3-29）。高校教师的性别结构不仅反映了国家人口结构的变化，而且也反映了女性社会地位的变化。

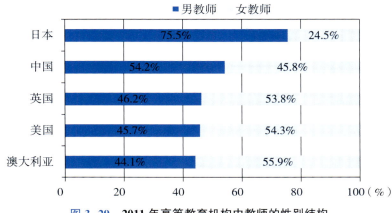

图 3-29　**2011 年高等教育机构中教师的性别结构**

【数据来源】美国数据来源于美国国家教育统计中心（National Center for Education Statistics）；英国数据来源于英国高等教育统计署（Higher Education Statistics Agency）；澳大利亚数据来源于澳大利亚高等教育数据库（Higher Education Data Cube，uCube）；日本数据来源于日本文部科学省官方统计数据；中国数据来源于教育部官方统计数据。

从发展趋势上看，2001 年到 2011 年，美国高等教育机构中女教师不仅在总量上超过了男教师，而且增速也超过了男教师。美国高校女教师的年均增长率为 2.5%，而男教师的年均增长率为 1.9%（见图 3-30）。从 2002 年到 2012 年，中国高等教育机构中女教师的数量也出现了较快增长，女教师的年均增长率为 5.3%，男教师的年均增长率为 3.5%，女教师的增长速度超过了男教师（见图 3-31）。

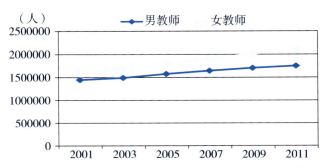

图 3-30　**2001—2011 年美国高校男女教师人数的增长情况**

【数据来源】根据美国国家教育统计中心（National Center of Education Statistics）统计数据整理。

图3-31 2002—2012年中国高校男女教师人数的增长情况

【数据来源】根据中国教育部官方统计数据整理。

5. 中国高校中兼职教师的比例偏低

2011年，中国高等教育机构中兼职教师所占比例低于日本、美国和英国等国，并且兼职教师的增速较慢。2011年，从高等教育机构中全职教师和兼职教师的比例来看，日本高校中兼职教师的比例偏高，为51.6%。美国和英国高校中兼职教师的比例分别为35.6%和34.4%。相比之下，中国高等教育机构中兼职教师的比例则偏低，为22.6%（见图3-32），这表明中国高等教育机构中的师资还是主要依靠专职人员。

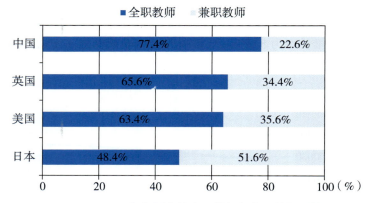

图3-32 2011年各国高校全职教师与兼职教师比例

【数据来源】美国数据来源于美国国家教育统计中心（National Center for Education Statistics）；英国数据来源于英国高等教育统计署（Higher Education Statistics Agency）；澳大利亚数据来源于澳大利亚高等教育数据库（Higher Education Data Cube，uCube）；日本数据来源于日本文部科学省官方统计数据；中国数据来源于教育部官方统计数据。

从发展趋势来看，从 2001 年到 2011 年，美国高校中全职教师和兼职教师人数都出现了稳步增长的态势，其中全职教师的年均增长率为 1.8%，而兼职教师的年均增长率为 3.1%，兼职教师的增速超过了全职教师（见图 3-33）。从 2002 年到 2012 年，中国高等教育机构中全职教师和兼职教师人数都呈现了快速增长的态势，其中全职教师的年均增长率为 7.4%，而兼职教师的年均增长率为 10.1%，兼职教师的增速也超过了全职教师（见图 3-34）。这表明在高等教育规模扩张的过程中，兼职教师发挥了越来越重要的作用。

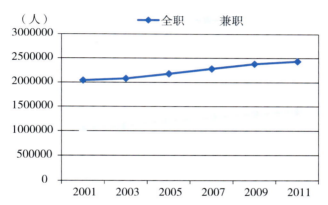

图 3-33　2001—2011 年美国高校全职教师和兼职教师人数的增长情况

【数据来源】根据美国国家教育统计中心（National Center of Education Statistic）统计数据整理。

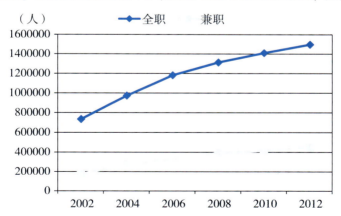

图 3-34　2002—2012 年中国高校全职教师和兼职教师人数的增长情况

【数据来源】根据中国教育部官方统计数据整理。

（二）中国高等教育经费投入水平有待提高

教育经费是高等教育和研究生教育发展的重要保障，通常教育经费支出比例、高校研发经费比例、生均高等教育经费以及学生获得的财政援助等指标能够反映出高等教育和研究生教育的财政支持水平。

1. 中国高等教育经费支出比例偏高

2010 年，中国高等教育经费支出占全部教育经费支出的比例相对较高。2010 年，从高等教育经费支出占全部教育经费支出的比例来看，印度、加拿大、中国、德国和美国的高等教育经费支出比例较高，分别占全部教育经费的 36.1%、35.4%、28.4%、27.2% 和 25.7%。相比之下，英国和巴西的高等教育经费支出比例则相对偏低，二者都为 16.4%（见图 3-35）。这表明印度、加拿大和中国等国投入到高等教育中的资源在有限的经费总量中的比例相对较高，说明这些国家对高等教育极为重视，并进行了资源倾斜。

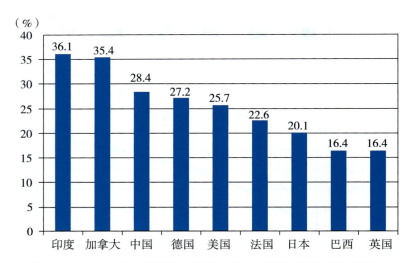

图 3-35　2010 年各国高等教育经费支出占全部教育经费支出的比例

【数据来源】联合国教科文组织教育统计数据库（UNESCO Education Statistics）。

2. 中国高校的研发经费比例偏低

2011 年，中国高等教育机构的研发经费占 GDP 的比例明显低于德国、法国、英国等国。2010 年，从高等教育部门的研发经费占 GDP 的比例来看，德国、法国和英国高等教育部门的研发经费比例相对较高，分别占 GDP 的 0.51%、0.48% 和 0.48%，这表明这些国家为高校的研究生教育和科研投入了较多的资源。相比之下，中国高等教育机构的研发经费比例则相对偏低，仅占 GDP 的 0.15%（见图 3-36），中国高校在研究生教育和科研的投入上还有较大的发展空间。

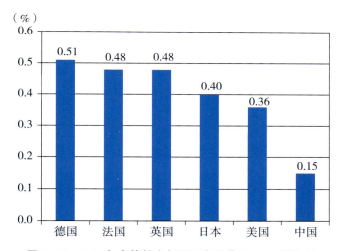

图 3-36　2010 年高等教育部门研发经费占 GDP 的比例

【数据来源】根据经济合作与发展组织《教育概览 2013》（*Education at a Glance 2013*）以及中国教育部官方统计数据整理。

3. 中国生均高等教育经费占人均 GDP 比例偏高

2010 年，中国生均高等教育经费支出占人均 GDP 的比例高于巴西、英国、日本和美国等国。2010 年，从生均公共高等教育经费支出占人均 GDP 的比例来看，印度的比例偏高，占人均 GDP 的 68.7%，这表明国家公共财政为高等教育负担的经费支出较重。法国和中国的生均高等教育经费支出比例也相对较高，分别为 38.4% 和 33.6%。相比之下，澳大利亚和美国的生均高等教育经费支出比例则相对较低，分别为 21.5% 和 21.7%

（见图 3-37）。这表明从国家财力来看，澳大利亚和美国的公共高等教育经费支出负担相对较轻，而印度的高等教育经费支出则给国家财政带来较重负担。中国生均高等教育经费占人均 GDP 的比例为 33.6%，高于巴西、英国、日本和美国等其他国家，这表明中国公共财政为高等教育负担的经费支出也相对较重，高等教育（包括研究生教育）的进一步发展会受到国家财力的限制。

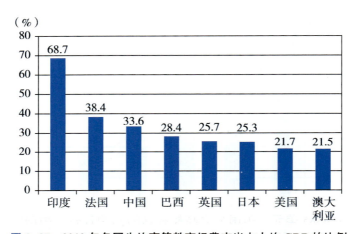

图 3-37 2010 年各国生均高等教育经费支出占人均 GDP 的比例

【数据来源】联合国教科文组织教育统计数据库（UNESCO Education Statistics）。

4. 中国高校教师的工资水平偏低

2012 年的一项调查发现，与其他国家相比，中国高校教师的起始月薪和平均月薪都相对较低（见表 3-13）。

表 3-13 各国公立高校教师的月薪

（单位：美元，基于购买力平价）

国家	起始月薪	平均月薪	最高月薪
俄罗斯	433	617	910
中国	259	720	1107
巴西	1858	3179	4550
日本	2897	3473	4604

续表

国家	起始月薪	平均月薪	最高月薪
法国	1973	3484	4775
德国	4885	5141	6383
澳大利亚	3930	5713	7499
英国	4077	5943	8369
美国	4950	6054	7358
印度	3954	6070	7433
南非	3927	6531	9330
加拿大	5733	7196	9485

【数据来源】 Altbach P, Reisberg L, Yudkevich M, Androushchak G, Pacheco I. Paying the Professoriate: A Global Comparison of Compensation and Contracts [M]. NY: Routledge, 2012.

根据美国波士顿学院 2012 年发布的国际大学教师工资水平比较项目数据，中国和俄罗斯公立高校教师的起始月薪都相对较低，分别为 259 美元和 433 美元。美国和德国公立高校教师的起始月薪则相对较高，分别为 4950 美元和 4885 美元。美国公立高校教师的起始月薪是中国的 19.1 倍。从平均月薪来看，中国公立高校教师的工资水平也相对较低，仅为 720 美元。而平均月薪最高的国家是加拿大，为 7196 美元，其次是南非和美国。从高校教师的最高月薪来看，中国高校教师的工资水平也相对较低，为 1107 美元，而加拿大、南非和英国公立高校教师的最高月薪分别为 9485 美元、9330 美元和 8369 美元（见图 3-38）。高校教师的起始工资水平对于吸引优秀人才从教具有重要的激励作用，教师的平均工资可以提高整个行业的职业吸引力，而教师的最高工资则可以激发从业者不断提高专业技术水平。

根据有关学者的研究，从高校教师工资与全国平均工资的关系来看，印度高等教育机构中教授的平均月薪是全国平均月薪的 6.23 倍，居于较高的水平。而法国和日本高校教授的平均月薪则仅为全国平均月薪的 1.72 倍和 1.91 倍（见图 3-39）。这表明印度高校教授的职业声望和吸引力更高。

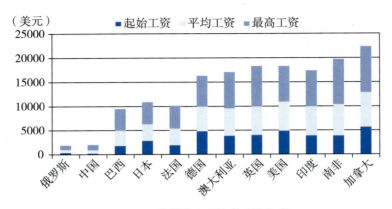

图 3-38　各国公立高校教师的月薪

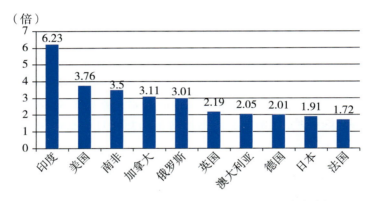

图 3-39　各国教授平均月薪相对于全国平均月薪的倍数

【数据来源】余强. 二十六国大学教授工资水平比较［J］. 江苏高教，2011（3）：82-84.

5. 中国高校学生获得的财政援助比例偏低

2010 年，中国高校学生获得的财政援助比例低于英国、澳大利亚、日本等国（见图 3-40）。

2010 年，从高等教育机构中学生获得的各类公共财政支持来看，英国大学生获得的各类转移支付和学生贷款比例较高，分别占全部公共高等教育经费支出的 33.9% 和 33.5%。日本、澳大利亚和加拿大的大学生获得学生贷款的比例也相对较高，分别占全部公共高等教育经费的 28.5%、21.9% 和 12.7%。相比之下，美国、澳大利亚和法国大学生获得的奖学金和其他补助金则相对较多，分别占全部公共高等教育经费支出的 24.0%、12.2% 和 7.7%（见图 3-40）。充足的公共财政支出能够保证大学生顺利完成教育和科研任务。与其他国家相比，2010 年中国高校学生获得的奖学金和其他个人资助占高等教育经费支出总量的 1.44%，个人转移支付占 0.11%，学生贷款占 0.62%。我国高校对学生的财政援助有待提高。

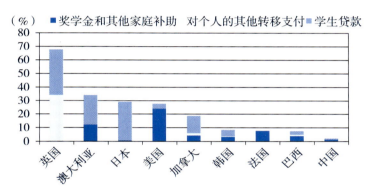

图 3-40　2010 年各国大学生获得的各类公共财政支持占公共高等教育经费的比例

【数据来源】经济合作与发展组织《教育概览 2013》（*Education at a Glance 2013*）；中国数据来源于教育部官方统计数据。

三、研究生教育质量保障的国际比较

最近几年，研究生教育的质量受到了世界各国的普遍重视。研究生教育的质量主要体现在学术研究的质量和毕业生的就业质量上，与其他国家相比，中国研究生教育的质量有待提高。此外，世界各国普遍建立起研究生教育的质量保障体系，从各个方面完善研究生教育的质量保障。

（一）中国研究生教育的质量有待提高

科研论文的质量和研究生毕业后的就业质量在一定程度上反映了研究生教育的质量。与其他国家相比，中国理工科科研论文质量相对较好，但与美国和英国等国仍然具有较大差距。

1. 中国工学和理学类科研论文质量相对较好

根据 2011 年世界大学科研论文质量的排名，在各领域世界前 300 名大学中，美国大学的表现较好，中国在某些领域的科研论文质量也相对较高。具体而言，在生命科学领域，科研论文质量排名进入世界前 300 名的大学中，美国有 115 所，占总数的 38.3%；中国大陆的大学有 4 所。在社会科学领域，科研论文质量排名前 300 名的大学中，美国有 143 所，占总数的 47.7%；而中国仅有 1 所。在农学领域，美国进入前 300 名的大学有 101 所，占总数的 33.7%；而中国有 8 所。在临床医学领域，世界前 300 名的大学中美国有 103 所，占总数的 34.3%；而中国有 4 所。在工学领域，世界前 300 名的大学中美国有 82 所，占总数的 27.3%；而中国有 36 所，占总数的 12%，这表明中国大学的工学类科研论文质量相对较高。在理学领域，世界前 300 名大学中，美国有 92 所，占总数的 30.7%，而中国有 18 所，占总数的 6%（见表 3-14），这表明中国大学的理学类科研论文质量也相对较好。

表 3-14　**2011 年各学科科研论文质量排名进入世界前 300 名的大学数量**

（单位：所）

	美国	英国	德国	法国	澳大利亚	日本	中国
生命科学	115	26	30	12	9	11	4
社会科学	143	43	5	1	18	1	1
农学	101	31	17	11	12	11	8
临床医学	103	25	32	10	8	11	4
工学	82	19	15	8	8	9	36
理学	92	25	32	12	7	11	18

【数据来源】2011 年世界大学科研论文质量评比，网址为 http：//taiwanranking. lis. ntu. edu. tw/Default. aspx。

2. 中国研究生就业质量有待提高

2011 年，英国毕业的研究生人数为 94850 人，其中获得全职工作的有 64425 人，占总人数的 67.9%；获得兼职工作的有 9930 人，占总人数的 10.5%。失业人数为 5430 人，占总人数的 5.7%（见图 3-41）。

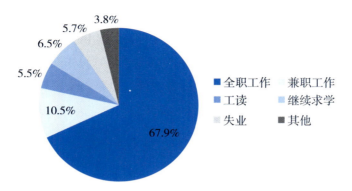

图 3-41　2011 年英国研究生毕业后去向

【数据来源】英国高等教育统计署（Higher Education Statistics Agency）。

2011 年，中国共有毕业研究生 420636 人，其中就业研究生 353609 人，平均就业率为 84.07%，比 2010 年下降了 0.38 个百分点。其中，博士毕业生就业率为 85.58%，比 2010 年下降了 2.66 个百分点；硕士毕业生就业率为 83.87%，比 2010 年下降了 0.04 个百分点（见表 3-15）。

表 3-15　2011 年中国研究生就业情况统计

	年份	2011	2010
毕业人数（人）	博士毕业生	48943	46947
	硕士毕业生	371693	332962
	合计	420636	379909
就业数（人）	博士毕业生	41885	41427
	硕士毕业生	311724	279403
	合计	353609	320830
就业率（%）	博士毕业生	85.58	88.24
	硕士毕业生	83.87	83.91
	合计	84.07	84.45

【数据来源】《中国学位与研究生教育报告 2012》。

根据 2011 年第一季度中国人力资源市场信息监测中心对全国 101 个城市的公共就业服务机构市场供求信息的统计分析，在对"硕士及以上学历"的人才需求中，岗位空缺与求职者的比例是 0.98：1，也就是说，并不存在严重的供过于求的情况。造成过度教育的关键原因是研究生教育结构不合理、培养模式不科学以及就业信息不对称等，毕业生自身对就业单位性质、就业地点以及待遇等方面的选择偏好也是一个重要因素（中国学位与研究生教育发展年度报告课题组，2013）。

（二）国际研究生教育的质量保障措施不断完善

保障和提高研究生教育质量是近年来世界各国的普遍做法。在发展过程中，世界各国逐步建立起以标准为基础的多元化评价体系，通过大学自身的内部评价和政府与社会的外部评价，形成了自己的研究生教育质量保障体系。

1. 研究生教育质量保障的主体趋于多元

美国研究生教育质量评估体系的特点就是以社会评估为主体，联邦政府积极支持和间接参与，以高等学校自我管理和评估为基础。其中，由学术团体、专业协会、民间机构、新闻媒体、私人团体等所组成的庞大的社会评估是美国研究生教育质量评估体系的主体，直接参与对研究生教育质量的鉴定和评估，从外部对其进行保障；而高等学校则从基层学术单位开始自下而上建立起常规性的自我评估制度，从内部保障研究生教育质量；政府则通过立法、财政资助以及对鉴定组织和机构进行资格鉴定和认可等形式间接参与评估，为研究生教育质量评估提供了积极的支持和保障。截至 2010 年，美国有近 60 个学科、70 多个专业认证机构、11 所全国认证机构负责对高校有关专业或一些专业性院校或单科院校进行鉴定。此外，有6 个地区院校协会、众多的民间或私人团体参与到高等教育每年的分类与排名中（詹春燕，唐信焱，2010）。

英国形成了高校与政府双重保障为主，由专业学会或其他社会组织、科研机构等社会力量积极参与的研究生教育质量评估体系。英国有着高校自治和学术自由的传统。长期以来，大学教育质量主要通过大学内部所建立的从校到院、系、所的分层质量保证与评估机构来保障，并由高等教育内部所组成的学术团体和专业协会对大学内部的质量评估制度进行检查和审核来加以保证。20 世纪 70 年代后期，英国政府逐渐加强了对研究生教育质量评估体系的参与，从外部推动了研究生教育质量外部评估体系的建设。

法国形成了以政府评估为主导的高校教育质量评估体系。政府在研究生教育评估中起主导作用。政府主要通过控制国家文凭的颁发、控制高等学校的人力、财力以及课程等方面来实现对研究生教育质量评估的参与。20 世纪 80 年代以来，尽管在政府推动下建立了具有相对独立的中介性质的国家评估委员会具体负责高等教育质量评估，但政府主导依然是法国研究生教育质量评估体系的主要特征。

日本研究生教育质量评价主体特征是从"一元"走向"多元"。文部科学省作为日本最高的教育行政机构，学部、研究生院的设置，乃至高等院校的成立，必须要接受文部科学省的审核。2000 年，日本"大学评估与学位授予机构"（NIAD-UE）的成立，标志着日本政府、高校、第三方评价机构等多主体参与评价的多元化研究生教育质量评价体系的形成。2002 年，日本设立了新的"认证评估系统"，要求所有的高等教育机构都要接受文部科学省认证的评估机构的定期评估（每七年一次）。

中国的研究生教育评估依靠政府组织的同行专家评议进行。20 世纪 80 年代的评估以国务院学科评议组为单位进行。20 世纪 90 年代开始，中国也开始强调社会人士的广泛参加评估，但尚未形成制度。从研究生教育的内部评估来说，中国的研究生教育评估以广泛的学校内部自行组织的评估为基础，学校主管部门给予鼓励、支持和指导。总体而言，中国的研究生教育质量评估尚未形成完善的多元化评估系统。

2. 各国逐步确立研究生教育质量的保障框架

美国的研究生教育质量保障体系可分为外部质量保障体系和内部质量保障体系两大部分，其中外部质量保障体系主要由三方面构成，分别是：联邦政府与州政府下属的研究生教育管理部门；以各类高等学校自身为代表的学术组织（高等教育认证制度）；以及各种社会组织与机构。这些组织机构主要以宏观控制、评估、认证等手段进行质量保障活动。而美国研究生教育的内部质量保障体系主要由学校自身进行管理。依靠一系列具体的质量管理手段，在研究生的培养过程中控制质量。成立于 1996 年的美国高等教育认证委员会（Council for Higher Education Accreditation），其理事会由高等学校校长或院长、学校代表和公众代表等 15 人组成，它拥有 3200 所大学与学院作为会员，是以高等学校为会员的组织中最大的一个。美国高等教育认证委员会的一个十分重要的职能就是对评估机构进行认证，它是唯一的从事对高等教育认证机构进行认证的非官方组织。认证的目的是审查并验证认证机构的能力和质量，规范其认证行为，借此提高高等教育质量。

英国高等教育的质量标准虽然具有多样性，但大多数认证机构都受英国高等教育质量保障署（The Quality Assurance Agency for Higher Education）所制定的《高等教育资格框架》、《专业规格》以及《学科基准》影响，在其指导下进行认证活动。英国高等教育质量保障署的主要职责是保障英国高等教育的质量，他们进行院校评估并发布相关报告，提供典型的做法以及质量改进的建议。英国高等教育质量保障署的评估团队通过同行评议对高等教育质量进行评价，评估人员中包括学生。为支持和提高高等教育质量，英国高等教育质量保障署还发布了一系列参照标准和指南，并被英国高校的学术人员广泛应用。英国高等教育质量保障署发布的《英国高等教育质量准则》（*The UK Quality Code for Higher Education*）是英国保障和评估高等教育质量的核心，它包括三个部分：学术标准、学术质量和高等教育机构信息。

澳大利亚的高等教育自 2000 年以后，逐步建立了一个五位一体的高等教育质量保障体系，这五个组成部分是：澳大利亚联邦政府、州或领地政府、大学、澳大利亚学历资格认证框架（Australian Qualifications Framework）和澳大利亚大学质量保障署（Australian Universities Quality Agency）（见图 3-42）。联邦政府保障高等教育质量的途径有三个：拨款、监督、公布运行状态相关数据和提供管理工具并激励大学提高质量管理水平。州和领地政府对高等教育质量保障的责任包括对新建大学的认证、高等教育的课程认证、大学与外部团体关系的协调、海外高等教育办学项目和课程的认证与管理。澳大利亚的大学拥有自己内部的质量保障体系，以保障大学在其招生、教学、学习、考试等各个领域的工作质量。澳大利亚学历资格认证框架负责对澳大利亚境内拟将开办的大学和其他不具有课程认证资格的培训机构的资质进行审查与认证。澳大利亚大学质量保障署于 2000 年 4 月由教育、培训和青年事务部（Department of Education，Training and Youth Affairs）批准成立，负责对澳大利亚高等教育质量进行监控与审核，并提供质量审核报告。

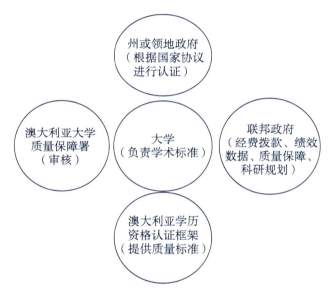

图 3-42　澳大利亚教育质量保障的框架

　　日本对研究生教育的质量保障主要采用了两种方法，一种是事前评估法，即根据《大学设置基准》对申请成立的新的研究生院和院系进行审核；另一种是事后评估法，即对已经成立的现有研究生院进行常规的评估。日本文部科学省主要依据其制定的《大学设置基准》和《研究生院设置基准》对研究生培养机构的设立进行资格认定评估。日本的大学基准协会通过吸收会员的方式对大学的办学水平给予认定，大学基准协会的评估分为"判定审查"和"互相评价"两种。日本政府对高等教育机构的自我评估给予了高度重视。日本大学审议会把开展大学自我评估作为 20 世纪 90 年代初日本大学改革的两大内容之一，而有关建立大学自我评价制度的内容被列入《大学设置基准》，自我评估成为大学的义务。

3. 各国建立起研究生教育质量的评价指标体系

《美国新闻与世界报道》（*U. S. News & World Report*）从 1990 年开始对美国研究生教育的质量进行评估和排名，评估按照法律、工程、商业、教育、医学五个招生规模较大的学科门类对其所在的研究生院进行排名，并制定了一系列教育质量的评价指标，如录取率、科研经费、师资力量等。此外，该刊物还对这五大学科下属的博士点和硕士点进行评价，但是这些评价并没有列出具体的评价指标，而是依靠同行专家、教授和学者的问卷调查得到数据，从学术声誉、课程声誉、教师和研究生的质量这几方面进行打分。从各专业排名依据的标准来看，学术声誉在各专业排名中所占的权重最重，为 40%（见表 3-16）。从 1980 年起，由美国加利福尼亚大学北岭分校（California State University，Northridge）哥曼（Jack Gourman）教授组建的私人教育质量评估团队，开始出版关于研究生教育的评估报告，又称"哥曼报告"。哥曼报告对全美 105 个学科、逾万个研究生项目进行评比，按管理、课程、教师队伍、教学保障和总体质量进行排行。

表 3-16　《美国新闻与世界报道》各专业最佳研究生院排名各指标的权重

（单位:%）

	商业	教育学	工程学	法学	医学
学术声誉	40	40	40	40	40
生源质量	25	18	10	25	20
师资水平	—	12	25	15	10
科研活动	—	30	25	—	30
就业质量	35	—	—	20	—

根据欧洲大学协会（European University Association）对博士教育质量评估的一项调查，院系或学科接受的外部评估中最常用的指标是科研论文和完成率（二者都为 81%），而教师学历仅为 62%，其他指标仅占 50% 或者更少。在博士点接受的外部评估中，科研论文和完成率也是最常用的两项指标（二者都为 69%），其次是教师学历和获得学位时间（二者都为

63%）。在博士生教育的内部评估中，大学除了更加关注国际化程度和博士生的满意度（二者都为61%）之外，也同样重视外部评估的指标（Byrne，Jørgensen，Loukkola，2013）。

4. 各国建立了内部和外部相结合的质量评价方式

美国研究生教育质量评价体系经过多年的发展，已经形成了如资格认证、院校评估、综合评价、专业评价、同行评估、排行等多样化的评价方式。按政府是否参与分类，有政府及政府机构的资格鉴定评价与社会评价。在社会评价中，包括民间机构与组织评价、私人评价、新闻媒体评价、学术组织评价等。按大学内外部分类，有大学内部自评和校外互评。按学科专业分类，有综合性评价和专业性评价等。

英国研究生教育质量评价方式经历了从学术评价到院校审查（institutional audit）的过程。2002—2011年，英国高等教育质量保障署将院校审查作为英格兰和北爱尔兰地区高等教育机构评估的一种方法，院校审查规定所有的大学都要接受审查与评估，从2006年起每六年为一个循环。院校审查的重点不是直接评估大学的教育质量，而是评估大学内部质量保证机制的有效性。2012年，院校审查被院校评估（institutional review）所取代。院校评估的核心目标是考察大学和高等教育机构：（1）提供的高等教育是否达到适当的学术质量标准，是否提供了可接受的学生就读体验；（2）是否正确地行使合法权利授予学位。院校评估团队要判定院校是如何：（1）确立和维持基本的学术标准；（2）保障学生的学习机会；（3）提升自己的教育服务；（4）管理自己的公共信息。

法国的研究生教育质量评价方式近几年也发生了显著变化。具体表现为：内部评估与外部评估相结合，自我评估与他人评估相结合，综合评估与单项评估相结合，结果评估与后继跟踪评估相结合。评估委员在评估时采取大学自评、现场访问、实地考察、问卷调查、组织有关人员座谈等方式来进行，将定性和定量相结合，对收集的信息进行综合的分析，并将评估报告送给被评估大学的校长进行审阅以提出看法并修正评估结果，力争客观。在此过程中允许学生参与评估，尊重学生的意见。评估项目包括历史变革与当前状况、科研的运行方式与质量、大学生的录取、学业和毕业情况、继续培训、学校管理、校园内社会活动等。

中国从 1985 年起，根据国务院学位委员会的要求，初步建立起一套官方性质的评估程序，对部分学科学位和研究生教育的质量逐步开展了检查和评估工作。1995 年，我国关于研究生院的学科点评估中，已经形成自我评估——申报有关信息——专家实地考察这样一种模式。学校进行自我评估，并在此基础上提供所要求的各项信息。评估者通过公共信息系统获得高校的招生数量、学科点数量、科研论文数量和质量信息、获奖情况、纵向经费等信息，通过专家系统对各单位提交的博士学位论文进行同行专家通信评议，同时在大学校长、在校研究生和本科生、企事业单位、专家学者以及管理人员中对研究生院进行声誉调查。

第四章

中国研究生教育的改革实践与经验

在知识经济时代，许多国家已经把研究生教育发展作为知识创新驱动和提高国家竞争力的战略选择，并不断依据经济社会发展的需要，动态调整研究生教育的规模结构和发展方式。从 2003 年以来，我国研究生教育在增量（招生规模）和存量（在校生规模）上都出现了显著增长，截至 2013 年，研究生教育的发展规模已经跃居世界前列。在经历 10 余年的补偿性发展后，我国的研究生教育也面临着与经济发展同样的"稳增长、调结构"的关键任务。在贯彻落实《国家中长期教育改革和发展规划纲要（2010—2020 年）》和深化教育综合改革的背景下，2013 年我国研究生教育进行了新的顶层设计和系统谋划，一系列新的政策措施密集出台，研究生培养单位也积极探索提高教育质量的新途径，改革实践空前活跃。

一、国家层面的改革实践与经验

2012 年，我国在校研究生数量达到 172 万人，进入研究生教育大国行列。经过 30 多年的稳步发展，我国研究生教育基本实现了立足国内自主培养高层次人才的战略目标。然而，"目前我国研究生教育主动服务国家大局的体制机制仍不完善，培养模式与经济社会发展的多样化需求还不适应，学生创新和实践能力尤为不足，制约培养质量提升的深层次障碍有待破除"（教育部，2013）。面对新的问题和挑战，当前我国研究生教育最核心、最紧迫的任务是满足经济社会发展的多样化需求，全面提高研究生教育质量。2013 年，为深化研究生教育综合改革，国家密集出台了多项政策，重新规划了研究生教育发展的新目标、新路径和新方法。

（一）国家研究生教育综合改革目标的确立

2013 年是研究生教育改革发展的关键一年，全国研究生教育工作会议的召开以及《关于深化研究生教育改革的意见》等一些重大纲领性文件的发布，昭示着国家层面的研究生教育的重大变革。2013 年，我国研究生教育改革确定了"一个目标"和"四个转变"。

1. 总体目标

根据 2013 年教育部、国家发展改革委员会和财政部联合下发的《关于深化研究生教育改革的意见》，我国研究生教育改革的总体目标是"到 2020 年，要基本建成规模结构适应需要、培养模式各具特色、整体质量不断提升、拔尖创新人才不断涌现的高层次人才培养体系，为进入人才强国和人力资源强国行列提供有力支撑"。

总体而言，2013 年《关于深化研究生教育改革的意见》，以坚持主动服务社会需求、全面提高质量为主线，以分类推进培养模式改革、统筹构建质量保障体系为着力点，结构上更加突出服务经济社会发展，培养上更加突出创新精神和实践能力培养，模式上更加突出科教结合和产学结合，方式上更加突出开放合作。

2. "四个转变"

为实现研究生教育改革发展的总体目标，深化研究生教育综合改革要实现"四个转变"。

一是发展方式从注重规模发展转变为注重质量提升。2012 年，我国研究生教育规模已经跃居世界前列，成为研究生教育大国。在新的发展阶段，我国的研究生教育需要把发展的立足点转到提高质量和内涵式发展上来，培养高质量的高层次人才。

二是培养类型结构从以学术学位为主转变为学术学位与专业学位协调发展。当前，为实施创新驱动发展战略，我国需要大批拔尖创新人才和高水平应用人才。然而，中国研究生培养的类型结构相对单一，难以满足社会发展需求，需要积极发展专业学位研究生教育，促进学术学位与专业学位研究生教育的协调发展。

三是培养模式从注重知识学习转变为知识学习和能力培养并重。现有研究生培养模式偏重知识学习，对创新能力和实践能力重视不够，突出表现为学术学位研究生培养中科教结合不紧密，与职业发展能力培养紧密衔接的专业学位研究生教育培养模式没有形成。因此，我国的研究生教育必须根据人才多样化需求、学科特点和研究生个性化要求等创新培养模式，突出创新和实践能力培养。

四是人才质量评价方式从注重在学培养质量转变为学习期间的学业表现与毕业后的职业发展能力并重。以往主要以研究生在学期间的学业表现、科研产出等评价教育质量，对学生毕业后的发展潜力、职业适应性、创业能力等要素缺乏关注。因此，我国的研究生教育要从根本上改变教育质量评价单一化、平面化的状况，建立科学、完善的评价体系。

（二）国家研究生教育改革政策密集出台

政策反映了政府推进某项改革的意愿和导向。2013 年，研究生教育改革被置于国家改革议程的重要位置，为推进创新驱动和人才强国战略，国家发布了关于研究生教育改革的诸多政策。

1. 研究生教育改革的政策文本

2013 年，国家相关部门关于研究生教育改革发展的政策文件密集出台，从多个方面规划了今后一个时期研究生教育的改革与发展（见表 4-1）。2013 年我国有关研究生教育的主要政策既涉及统筹各方面发展的顶层设计，又涉及质量保证和经费投入等具体的配套改革，还涉及专业学位研究生教育等重点的改革切入点和突破口。

表 4-1　2013 年国家发布的研究生教育改革政策

发文日期	发文部门	政策文件
2013 年 2 月 28 日	财政部、国家发展改革委、教育部	《关于完善研究生教育投入机制的意见》
2013 年 3 月 29 日	教育部、国家发展改革委、财政部	《关于深化研究生教育改革的意见》
2013 年 4 月 10 日	国务院学位委员会、教育部、国家卫生和计划生育委员会、人力资源和社会保障部、国家中医药管理局	《关于做好临床医学（全科）硕士专业学位授予和人才培养工作的意见（试行）》
2013 年 7 月 29 日	财政部、教育部	《研究生学业奖学金管理暂行办法》
2013 年 7 月 29 日	财政部、教育部	《研究生国家助学金管理暂行办法》
2013 年 9 月 30 日	国务院学位委员会、国家发展改革委员会、教育部	《关于进一步加强在职人员攻读硕士专业学位和授予同等学力人员硕士、博士学位管理工作的意见》
2013 年 11 月 4 日	教育部、人力资源和社会保障部	《关于深入推进专业学位研究生培养模式改革的意见》

2. 研究生教育改革的关键领域

（1）研究生教育结构的多样化改革

从 2012 年以来，国家加快调整研究生教育的结构，在层次结构上积极发展专业学位研究生教育，在就读形式上重视发展非全日制研究生教育，将研究生教育结构调整的重心放在层次和类别的多样化上，逐步引导研究生培养单位形成多样化的培养目标和模式。根据教育部官方网站的统计数据，从 2011 年到 2012 年，我国学术学位研究生的招生人数减少了 2.36%，而专业学位研究生的招生人数增长了 24.35%，这"一增一减"显示了国家加快调整研究生教育结构的力度。教育部在《关于做好 2013 年全国硕士学位研究生招生工作的通知》中，要求研究生招生单位按照"以增量促存量"的原则，做好学术学位和专业学位研究生招生计划安排的结构调整。2013 年硕士研究生招生计划的增量原则上主要用于专业学位，要将存量部分中的学术学位计划按不少于 5% 的比例调减，用于增加专业学位计划。

在国家"力挺"专业学位研究生教育的政策背景下，我国专业学位研究生教育获得了迅速的发展，但是专业学位研究生教育在培养目标的定位、教育内容的设置、培养方式的选择以及专业导师的选聘等方面仍旧面临与学术学位教育趋同的压力。在深化研究生教育改革的过程中，我国需要进一步巩固研究生教育结构调整的成果，引导研究生培养单位在专业学位研究生教育中形成自己的特色。

（2）研究生教育管理重心的下移

学科是研究生教育的基本组织和管理单位，长期以来在计划经济的管理方式下，我国的学科设置通常由国家控制。2011 年 3 月，国务院学位委员会和教育部时隔 14 年公布了新修订的《学位授予和人才培养学科目录》。学科目录修订是国务院学位委员会、教育部贯彻落实《国家中长期教育改革和发展规划纲要（2010—2020 年）》，建立动态调整机制，优化学科结构的一项重要举措。此次学科目录修订重点不是二级学科，而是学科门类和一级学科。经过修订，新目录增设了"艺术学"门类，学科门类达到 13 个，一级学科从 89 个增加到 110 个。从管理机制上说，从 2012 年开始，学科门类和一级学科由国家负责设置，而二级学科允许学位授予单位在一级学科学位授权权限内自主设置与调整，然后报教育部备案即可。二级学科设置自主权的下放旨在更大程度地激发研究生培养单位在教育目标、内容和方式上的积极性和灵活性，从而促进研究生教育与经济社会的协调发展。

研究生教育管理重心的下移还体现在研究生教育的质量保证方面。根据 2013 年发布的《关于深化研究生教育改革的意见》，研究生培养单位和导师成为研究生教育质量的第一责任人，研究生培养单位要加强培养过程的质量管理，而导师则负有对研究生进行学科前沿引导、科研方法指导和学术规范教导的责任。同时，随着研究生教育经费投入体制的改革，研究生导师和培养单位在研究生教育过程中的作用更加凸显。

（3）研究生教育收费制度的启动

2013 年 2 月 28 日，财政部、国家发展改革委、教育部联合下发了《关于完善研究生教育投入机制的意见》，决定从 2014 年秋季学期起，按照"新生新办法、老生老办法"的原则，全面实行研究生教育收费制度，硕士研究生每生每年不超过 8000 元，博士研究生每生每年不超过 10000 元，研究生教育投入体制发生重大变革。从国家经验来看，对研究生收取学费是国际社会的通行做法。在我国义务教育经费需求增长和研究生教育快速扩张的背景下，需要实行以政府投入为主、受教育者合理分担培养成本、多渠道筹措经费的投入机制，从而合理分担研究生教育的成本，激发研究生潜心研究的积极性。

在新的研究生教育投入体制下，我国将通过国家助学金、国家奖学金、"三助"（助教、助研和助管）岗位津贴和研究生助学贷款等财政援助手段，保证家庭经济困难的研究生不因经济压力而丧失入学机会。在 2013 年《青海省建立研究生教育经费投入机制的实施意见》中，青海省政府就提出"从 2014 年开始，研究生国家助学金范围覆盖全国研究生招生计划内的所有全日制研究生。博士生资助标准不低于每生每年 10000 元，硕士生资助标准不低于每生每年 6000 元。所需资金由中央财政和省财政共同承担。并根据经济发展水平和物价变动情况，建立资助标准动态调整机制"。研究生教育投入体制的改革必将引发研究生教育意愿、研究生培养方式和管理方式的相应变革。

（4）研究生教育质量保证的强化

2013 年，我国研究生教育面临着发展方式的重大转型，强化质量保证和监督是深化研究生教育改革的重要着力点，也是转变政府职能和管理方式的重要任务。2013 年和 2014 年年初，国家关于专业学位、同等学力以及全部研究生教育质量监管的政策文本中，反映出我国的研究生教育已经迈入"质量时代"。2014 年年初颁布的《关于加强学位与研究生教育质量保证和监督体系建设的意见》，标志着我国将"构建以学位授予单位质量保证为主体，教育行政部门监管为引导，学术组织、行业部门和社会机构积极参与的内部质量保证和外部质量监督体系"。我国的研究生教育质量保证和监督体系建设，将从过去以政府为主、重视准入保障的模式，转为以高校为中心的多元主体责任，建立从过程到结果的全方位质量保证体系。

在新的质量保证体系下，学位授予单位成为第一质量主体，教育行政部门则更多地实施事后监管和宏观监管。在欧美等发达国家和地区，学校在质量保障体系建设中具有核心作用，形成一种提高质量的内生动力和高度的质量自律意识，这是各国研究生教育质量保障体系建设的共同规律，也是高水平研究生教育的共同特征。在研究生教育规模扩张的背景下，研究生教育质量保证体系的建设尤为迫切和重要，从政府主导到多元参与，从严进宽出到严格退出，我国研究生教育质量保证的体系不断得到完善。

（5）研究生教育协作平台的搭建

2011 年 4 月，在清华大学百年校庆大会上，胡锦涛同志从建设创新型国家的战略高度出发，明确指出高校要积极推动协同创新，鼓励高校通过体制机制创新和政策项目引导，同科研机构、企业开展深度合作，建立协同创新的战略联盟，促进资源共享。研究生教育的核心是创新，在知识生产模式和研究生培养模式发生转型的背景下，研究生教育协同创新平台的建设就显得尤为重要。有学者指出，目前高校协同创新机制缺失是制约创新人才培养的瓶颈和障碍。从高校内部来看，组织机构之间界限分明，学科与学科之间、专业与专业之间、科研与教学之间、学科与专业之间有着清晰的边界，彼此之间难以做到资源共享（王迎军，2012）。

2013 年 5 月，教育部、财政部公布了认定的 14 个 2012 年度协同创新中心，国家开始启动在前沿、文化、行业和区域等领域的协同创新平台建设，通过校校、校所、校企等合作方式，推进知识的创新和发展。协同创新平台的建设对于转变我国研究生教育的培养模式，增强国家的知识创新能力和国际竞争力，具有关键的作用。同时，2007 年启动的"国家建设高水平大学公派研究生项目"也开启了我国与国外著名大学在研究生教育领域的联合培养机制。从封闭走向开放，是创新知识发展的内在要求，也是我国经济社会发展的客观要求。

二、培养单位的改革实践与经验

2013 年，在国家深化研究生教育改革的政策背景下，研究生培养单位把提高质量作为改革发展的主线，积极转变研究生教育发展的方式，探索研究生招生、培养和管理的新机制，在基层实践领域涌现出许多具有典型意义的改革案例和经验。

（一）研究生培养单位综合改革目标的确立

围绕国家研究生教育综合改革的目标，研究生培养单位也从招生、培养、质量保证以及导师和经费等方面进行了系统设计，出台了本单位的研究生教育综合改革框架。

1. 北京师范大学以"五个优化"深化研究生教育改革

2013 年，北京师范大学制定了《关于进一步深化研究生教育改革的决定》（以下简称"决定"），明确了今后 5—10 年研究生教育改革的思路。学校决定提高学术型博士研究生基本助学金标准，加强研究生教学督导，促进研究生教育实现"五个优化"，即优化招生选拔、课程建设、导师评聘、评价监督以及研究生教育的管理与服务，努力提高研究生培养质量。

（1）优化招生考试

学校通过优化招生选拔，以分类招生促进分类培养。学校从生源、培养条件、教育质量和就业率等因素综合考虑，优化专业学位招生与学术型硕士培养，各培养单位自主选择招收学术型或专业学位研究生，逐步实现不同类型研究生培养的专业化，实现结构类型的转变，处理好学术学位与专业学位的关系，使两者的发展更为协调。同时，按绩效分配研究生招生计划。在保证学校优势特色学科、基础学科人才培养基本规模的基础上，进一步完善以科研任务为核心的学术型研究生招生计划分配和动态调整机制。学术型硕士生招生计划依据各培养单位近三年承担科研任务与经费总量、培养质量、就业率、生源质量、科研成果、学术声望等进行分配；博士生招生计划主要依据培养单位承担在研纵向科研任务与经费数量、科研成果、培养质量、就业率、生源质量及学科特色进行分配。

（2）优化课程设置

学校通过优化课程设置，建设开放灵活的课程体系。进一步推进人才培养模式改革，根据不同类型研究生的培养要求，建设本研课程紧密衔接、资源共享、开放灵活的一体化体系，鼓励研究生在导师（组）指导下自主选课，健全导师权责机制，促进个性化培养。以人事制度改革为契机，建立开放、竞争的任课教师聘任机制，面向校外、国外、行业企业领域招聘一流的任课教师，加强精品课程和全英文课程建设；建立研究生学位课程教学绩效津贴制度，按照多劳多酬、优劳优酬的原则，提高研究生课程任课教师待遇。同时，明确专业学位研究生教育要以实践能力、创业能力培养为核心，培养研究生适应专业岗位的综合素质，打造有特色、有竞争力的专业学位品牌，建立特色鲜明的专业学位研究生培养体系。探索与世界一流大学开展"双学位"、"联合学位"等合作培养机制；逐步建立与世界一流大学在课程资源共享、网络授课、学分互认、学位授予等方面的合作培养机制，推进研究生教育国际化。

（3）优化导师评聘

学校通过优化导师评聘，改革导师遴选制度。明确对研究生导师实行基本资格准入制和年度招生资格审核制。博士生导师的年度招生资格由培养单位负责初审，研究生院复审；硕士生导师年度招生资格由培养单位负责审核。申请招收博士生的导师，必须在学校的网络平台上提供包括招生方向、近期科研成果、在研课题名称以及对研究生的资助办法等内容在内的信息，供考生报考时查询参考。改革评价监督机制、强化政策和条件保障；设立专门基金，支持个别无在研项目和经费，但学术造诣精深、近年有高质量科研成果发表或获得过重大科研成果奖励的文理基础学科教师招收和培养博士研究生。

（4）优化评价监督

学校通过优化评价监督，完善研究生教育质量监控体系。进一步严格学校内部一级学科学位授权点和专业学位类型的准入资质和审批程序，定期开展自我评估，或委托第三方机构进行评估。实行学位授权点的动态调整；加强研究生课程教学的督导和评估；对各培养单位的生源、培养方案、课程体系、教学管理、学位论文水平、就业质量、毕业生满意度等方面开展专项评估；加强学位论文质量管控。继续实施学术不端行为网络监测、全匿名评审、导师及培养单位责任承担制度；规范在职人员攻读学位管理，同等学力人员的学位论文及相关信息在国家研究生教育质量信息平台上予以公示。

（5）优化保障条件

通过加大学校投入，积极争取社会捐助，大幅提高研究生奖助力度，扩大奖助覆盖面，建立长效、多元的研究生奖助体系。依照"奖优、助困、酬劳"的原则，强化国家奖学金、国家助学金、国家和学校学业奖学金等对研究生的激励作用，强化政策和条件保障，不断完善研究生的质量保障体系。建立和完善由基本助学金、"三助"岗位津贴、奖学金、突出成果奖励和特困资助等五部分构成的研究生奖助体系，全面提高研究生待遇。

北京师范大学通过深化研究生教育改革，实现了"四个转变"：发展方式的转变，处理好规模拓展和内涵提升的关系，更加注重提高质量；类型结构的转变，处理好学术学位与专业学位的关系，使两者的发展更为协调；培养模式的转变，做到知识学习和能力培养并重，更加重视创新能力和实践能力的培养；人才质量评价方式的转变，不仅注重研究生培养过程的监控和评价，更加关注用人单位对毕业生职业发展能力的评价。

2. 中国农业大学以"服务需求、提高质量"深化研究生教育改革

2013年，中国农业大学以"服务需求、提高质量"为主线，系统推进研究生教育改革，在研究生招生、培养、评价和服务等方面进行了许多有益的探索。

（1）实施招生申请考核制

2013年，中国农业大学作为全国首家全面实施博士生"申请考核制"招生的单位，顺利完成了博士生招生录取工作，达到预期目标。2013年，学校通过申请考核制招收的博士研究生共402人，报名录取数据指向与改革目标一致，体现在"三提高一降低"，即硕博连读生比例提高，本校硕士生比例提高，优质生源比例提高，在职研究生录取人数降低。

（2）优化研究生培养方案

2013 年，中国农业大学深入推进研究生培养模式改革，加强研究生质量保障体系建设，坚持以"加强过程管理，提高培养质量"为改革要点，深入推进研究生培养模式改革。研究生院通过组织全校工作会议以及校内外专家组进行评审，将全校 372 个培养方案减少为 66 个，审核通过研究生课程教学大纲 1200 余门。2013 年，学校有 4 篇博士学位论文入选北京市优秀博士学位论文。

（3）注重应用型人才培养

2013 年，中国农业大学积极探索研究生培养新模式，注重应用型人才培养，形成了专业学位研究生"学校、基地、乡村"的"科技小院"模式，得到社会各界的广泛肯定，并获得了北京市教学成果一等奖。2013 年 5 月，学校承办的农业推广专业学位研究生教育综合改革试点项目验收暨培养工作现场交流会受到参会 20 余所农林高校以及教育部、农业部领导的一致好评，顺利通过验收。

（4）加强质量评估和监督

2013 年，中国农业大学加大评估和监督力度，逐步完善内部评估机制建设，充分调动研究生教育评估专家组的力量，组织专家积极参与硕士、博士研究生招生督导巡视、研究生课程评审、培养方案评审、"985"三期高水平项目评审等评估工作。进一步加强了对博士学位论文的评议和质量评估力度，加大学位论文的校级抽查评阅和抽检比例，由 5% 提高至 10%，委托教育部学位与研究生教育发展中心进行通讯评议，加强对学位论文学术不端行为的检测。

（二）研究生招生方式的改革

2013 年，研究生招生方式的改革主要表现在博士研究生招生中"申请—考核"制的试点，以及分类招生和考试制度的尝试。研究生招生单位在综合考核和分类考试上迈出了新的步伐。

1. "申请—考核"制

2013 年，博士研究生招生"申请—考核"制成为研究生培养单位招生改革的一大亮点。所谓"申请—考核"制，是指用对考生的个人申请审查取代全国统一入学考试的选拔制度，通过学校自主的综合考核考查申请人的培养潜力与学术创新能力，以强化导师与科研团队的自主权。2003 年，北京大学率先在部分学科探索"申请—考核"制，到 2012 年，中国农业大学在全部学科的所有专业试点"申请—考核"制，10 年来，我国博士研究生招生已逐渐走出了一条由以考试为基础的选拔机制，向以素质能力为基础的申请和考核相结合的选拔机制过渡的探索之路。

（1）传统招生考试的弊端

提高研究生教育的质量需要从入口严把质量关，选拔具有科研能力和创新潜力的人才接受研究生教育。然而，选才和识才是一项非常复杂的工作，对于高层次人才的选拔来说尤为如此。《关于深化研究生教育改革的意见》明确指出，要"积极推进考试招生改革，优化初试，强化复试，发挥和规范导师作用"。这为研究生招生改革指明了方向。

在传统的博士研究生招生考试中，考查的侧重点是学生的基础知识或者某一层次的知识，而对学生的科研能力和创新潜力无法做出准确的评价。同时，传统的招生考试方式会侧重于笔试，但在客观的标准化考试中，学生的创新潜质和科研素质很难体现。标准化考试更多的是考查学生的应试能力，而无法看出学生的科研潜力。近几年受到关注的研究生创新能力不高，在某种程度上也源于这种招生选拔方式。此外，在传统的招生考试中，导师对于学生的了解不够全面，并且由于刚性的考试制度下，导师无法在招生考试中充分发挥自主权，从而制约了对于某些偏才、怪才的选拔。

"申请—考核"制通过对学生申请材料的审查以及面对面的交流，让考生的科研水平和创新能力真实全面地展现出来。它是以高校为主体，进行一种更为科学的综合评价和选拔，评价手段更加多元，包括笔试、面试，甚至心理测评。这种评价方式更有利于学校准确地选拔优秀学生。同时，"申请—考核"制使导师在选拔学生中具有更大的自主权，并且能够充分发挥导师作为学生第一责任人的职能。

（2）"申请—考核"制的流程

考生申请分为四个阶段，即申请、初审、复审、复核四个阶段。以中国农业大学生物学院为例，考生在进入相关系统报名后，进入学院申请网站，通过网络将个人基本信息、个人简历、研究陈述、个人陈述、研究能力证明、推荐信等内容电子化上传。之后，由学院招生人员对申请者提交的内容进行初审，通过学院初审的申请者，将由从学院提供的专家库中选择三名，作为其复审专家，进入复审流程。

复审专家从网络获得申请者基本信息等相关审核资料，通过资料审核、推荐人访谈、申请者面试等，对申请者是否符合该院博士研究生标准形成独立的复审意见，给出结果（"合格"与"不合格"）。若一位申请者获得两个及以上"不合格"结果，则无法进入复核环节。若申请者获得三位复审专家一致"合格"的评价，则进入复核。若一位专家给予"不合格"意见，则学院再自派一名专家进行复审，若合格则进入复核，不合格则终止申请。

考生进入复核阶段后，学院除对其提交的文件原件进行审核外，还须进行综合能力测试，包括进行生物化学与分子生物学外文试卷的测试、心理测试以及专业实验技能考核，通过者进入复核面试，最终由复核组给出录取意见。

（3）招生改革带来的问题

博士研究生招生"申请—考核"制的实施会引起人们对其公平和效率问题的关注。"申请—考核"制扩大了导师的招生自主权，从某种角度上说，这属于自主招生改革和导师制改革的范畴。从大方向看，这一改革无疑符合高等教育发展趋势，但如果单纯实施"申请—考核"制，而不同步推进现代大学制度的改革，所谓公平性的问题必然会出现，"申请—考核"制的尝试最终也将以失败告终。

在中国的特殊语境中，人们常常会把自主招生与人情因素挂钩，认为自主招生在某些情况下会出现"灰色地带"。在现代大学制度建设不够完善和导师自律不强的环境下，全面实施博士研究生招生"申请—考核"制的确有一定的风险。仅以招生比为例，一项调查显示，2010年北京大学、浙江大学等重点高校，博导与博士生的平均招生比为1：1.26，而其他院校中，有近半博导同时指导的博士生超过7名，最多甚至达47名。从中不难推算，一些普通院校博导每年的招生数量要远高于重点院校，如果导师掌握着如此众多的"名额资源"，一旦学校监管不严，在其中做些手脚也似乎并非难事（佚名，2011）。

"申请—考核"制的实施需要研究生教育体制和培养方式做出相应的调整。（1）确保招生公平。2013年，南开大学"申请—考核"制强调集体决策和导师意见相结合。面试前，各学院成立了由相关学科专家组成的导师组，对考生提交的申请材料进行仔细审核，着重关注考生的学习和工作经历、发表论文水平、拟攻读博士学位期间的研究计划等内容。材料审核完成后导师组成员会打出相应分数，根据总分的高低决定考生能否进入"终极面试"。在减少人为主观因素、确保公平公正方面，清华大学和北京大学做了许多工作：规定面试评委必须达5人以上，每个考生的面试时间必须不少于30分钟；加强对博士研究生招生各环节的监督，包括院系要将具体的考试选拔过程在学校备案、研究生院和学校纪委都接受投诉和举报；要求相关院系做出有关规定，加强监督，防止暗箱操作。（2）完善淘汰制度。对于通过"申请—考核"制招收的博士研究生，许多学者建议可借鉴国外"宽进严出"的做法，根据学科特点不同，对博士研究生毕业时所需学分、发表论文的数量和质量、科研实践能力、外语水平等多方面能力做出详细规定，适当提高淘汰率，收紧博士毕业出口，让"关系博士"哪怕进得来，也出不去。（3）改进导师制度。取消"博导终身制"，对个别教授评上博导后不思进取，脱离学术研究的前沿，对博士研究生不管不顾，造成博士质量下降的，应当予以解聘；同时，将一些有能力培养博士研究生的年轻学者，大胆予以聘用。实行博士研究生导师的学生报选制，只要是一个博士点的教师，有博士研究生选他做导师就是博导，没有人选就不是博导。通过双向选择，让博士研究生导师"能上能下"，进一步提高博士研究生质量。

2. 分类招生和考试

2013 年,《关于全面深化研究生教育改革的意见》提出要 "推进学术学位与专业学位硕士研究生分类考试"。2013 年《关于深入推进专业学位研究生培养模式改革的意见》提出要 "建立符合专业学位研究生教育特点的选拔标准,完善专业学位研究生招生办法,重点考查考生综合素质、运用基础理论和专业知识分析解决实际问题的能力以及职业发展潜力"。在国家的政策方针下,研究生培养单位积极探索研究生入学选拔的分类招生和考试制度,以增强考试的针对性和有效性。

（1）分类招生

2013—2014 年,北京大学校本部接收推荐免试研究生 3057 人,比上一学年增加了 3%。2014 年在招生总量保持基本稳定的前提下,招生结构进行了较大调整。其中,接收直接攻读博士学位研究生 771 人,比 2013 年增加了 16%;接收专业硕士共 666 人,比 2013 年增加了 17%;接收学术型硕士（含硕博连读）1620 人,比 2013 年减少了 6%。从北京大学研究生招生的变化来看,学校提高了直博和专硕招生比重,压缩学术型硕士招生规模。2013 年,山西大学在研究生招生方式上进行了许多有益的探索。在招生选拔上,对优势学科、特色学科和优秀导师团队所在学科给予重点支持。研究生招生结构的调整明确了培养单位发展的重点,也更好地满足了社会的多样化需求。

（2）专业学位研究生招生改革

2013 年,山西大学在招生过程上,强化复试管理和监控力度,对专业学位研究生复试要有行业、企业专家或校外兼职导师参与。2013 年,中南财经政法大学公共管理硕士招生考试时加入了校友面试,20 名校友面试官全部是该校的硕士毕业生和在校生。校友面试在欧美国家大学招生中被普遍采用,但在中国高等教育招生中,校友面试尚属首次。正如中南财经政法大学负责人所说,校友面试主要是淘汰不适合中南财大的学生,重点在 "去",老师面试环节重点是选优,重点在 "录"。这种方式使得低素质的学生在校友面试的环节就被淘汰,老师面试的时候,只是优中选优。

专业学位研究生教育不同于传统的学术型研究生教育,前者侧重于学生的专业实践能力的培养，因而在招生考试方式上应该有独特的选拔标准，引入实践经验丰富的行业、企业专家和校外兼职教师参与招生选拔，可以更加准确地识别考生的实践能力和创新能力。

（三）研究生培养模式的改革

2013 年，研究生培养单位在培养目标的多元化、培养方式的协同化、导师制度的动态化，以及专业学位研究生培养方式创新等方面进行了许多尝试，以全面提高研究生培养的质量。

1. 培养目标的多元化

2013 年，天津大学把改革分类培养机制作为突破口，构建学术学位与专业学位协调发展的培养体系，突出对两类研究生创新能力的培养。（1）对学术学位研究生培养建立"3I"培养体系，即以创新（Innovation）能力为导向的课程体系优化、以国际化（Internationalization）为特征的培养模式改革、以多学科交叉（Interdisciplinarity）为牵引的学术平台搭建，通过科教结合，培养以"国际竞争力"为牵引的"知识更新力和学术创新力"，核心是"学术创新力"的培养。（2）对专业学位研究生培养建立"4C"培养体系，即分类（Classification）指导的培养模式、能力（Capability）导向的课程体系、协同（Collaboration）培养的实践平台、内涵（Connotation）引领的保障机制，通过产学结合，培养以"职业胜任力"为牵引的"知识迁移力和实践创新力"，核心是"实践创新力"的培养。

2007 年以来，上海交通大学积极完善研究生培养模式，适应不同类型研究生培养要求。（1）开展"改革研究生培养模式"及"校企联合培养工程人才新模式"两项国家教育体制改革试点，不断完善面向不同培养目标的研究生的培养模式。（2）开展工程硕士、MBA 和法律硕士三项专业学位研究生教育综合改革试点工作，建立导师组负责制及以实践应用为导向的专业学位研究生培养模式，以综合素养和应用知识与能力的提高为核心，使人才培养主动适应经济社会转型发展的要求。（3）学术型人才培养逐步过渡到硕博贯通的培养模式。积极推进直接攻博、硕博连读等培养模式，建立连贯式博士研究生培养和分流制度。强化博士研究生资格考试制度，设置博士研究生资格考试首次不通过率，建立学期学术报告考核制度。为利于淘汰制度的推行，建立博士研究生招生名额补偿机制。积极探索学校与国家重要单位联合培养博士研究生的办法。

2. 培养方式的协同化

（1）协同创新培养研究生：以浙江工业大学为例

2013 年 4 月 11 日，由教育部、财政部联合实施的"高等学校创新能力提升计划"（"2011 计划"）公示了首批认定名单，共认定了 14 个"2011 协同创新中心"。在协同创新中心的创建过程中，浙江工业大学探索出了五种形式的协同创新培养人才新模式。

一是校校协同创新的人才培养模式。依托各自的优势特色学科及优势学科群，开展高校与高校之间的协同合作。通过共同承担大型科技攻关项目、互聘师资、共享课程和实验室资源等途径，充分释放人才、资本、信息、技术等创新要素活力。

二是校所协同创新的人才培养模式。依托科研院所优质创新团队和优质科研资源，瞄准国家相关重大战略需求和世界科技前沿，围绕国家重大基础研究、战略高技术研究、重大科技计划和国家重大工程专项，整合科技队伍、科技资源，共同构建优质资源平台，营造一流的学术氛围，建立优质资源共享、协调合作的体制机制，开展相关理论和技术研究合作的科研协同创新。在科研协同创新过程中，校所双方将导师、项目、平台整合起来，实现无缝对接，着力构建学术型创新人才培养新模式。

三是校企（行业）协同创新的人才培养模式。依托高校与行业结合紧密的优势学科，充分发挥行业特色优势和地域优势，选择具有全局性、战略性的重大工程，集中力量组织攻关，突破关键核心技术，服务产业升级转型和结构调整，从而探索建立多学科融合、多团队协同、多技术集成的重大研发与应用平台，大力开展工程技术人才培养的协同创新。

四是校地（区域）协同创新的人才培养模式。结合区域发展的重大需求，学校与浙江的政府机构、重点企业、科研院所共建科学技术研究院、产业技术研究院、行业研发中心和研发基地，促进科技资源向行业企业和社会开放。构建多元化的成果转化与辐射模式，带动区域产业结构调整和新兴产业发展，在此过程中为学生提供创新实践机会，促进高校学科交叉型、复合应用型创新人才培养模式的形成。

五是国际交流与合作协同创新的人才培养模式。积极推进国际化进程，探索与境外高水平大学和科研机构间的研究生互换、互访和学分互认；加强国际交流与合作，积极搭建更宽阔的国际交往的平台，营造良好国际交流氛围，加大研究生国际交流与合作的资助力度，增加研究生国际交流的机会，增强研究生培养的开放性和国际化程度，培养具有国际视野和国际交往能力的拔尖创新人才。

（2）跨学科培养研究生：以武汉大学为例

武汉大学从 1997 年组建战略管理研究院以来，已经陆续成立了十多个实体性跨学科研究和人才培养机构。这些机构均以国家人才战略需求为导向，融科学研究、研究生培养于一体，在学术研究、人才培养、国际交流等方面取得了重大成果。2006 年以来，为了适应科技创新与经济社会发展的新需要，学校进一步加大了跨学科研究机构的建设力度，并使其实体化和独立运作，已组建了中国边界研究院、国际问题研究院、中部发展研究院、质量研究院、妇女/性别研究中心、国家文化创新研究中心、武汉生物技术研究院、中国产学研合作问题研究中心等。

2011 年，武汉大学开始试点博士研究生跨学科培养模式，最多 9 名导师共带一名博士，毕业时可能授予双博士学位。为实施跨学科培养计划，武汉大学在博士研究生培养中划分出跨学科拔尖创新人才培养试验区，每年遴选出 50 名具有多学科知识背景和突出科研能力的优秀博士研究生，在研究生招收、导师配备、培养资助和管理评价等方面进行政策倾斜。试验区以平台构建和项目牵引相结合，甄选项目原则上要求国家级重大跨学科在研项目，由跨学科项目组申报，学校组织专家评审，确定入选项目以及招收学生学科背景和招生计划。项目负责人根据项目建设和人才培养的实际需要，可组建导师团队。导师团队一般由不同学科和不同领域教授、副教授组成，由项目负责人确定导师团队的组成及职责分工。"试验区"内博士研究生普通奖学金标准，由每人 12000 元/年提高到 24000 元/年。入选博士生将经历中期考核，根据考核情况决定是否能留。如果导师团队建设需要，中间也可临时补充研究生人数。

2014 年，中国科学院院士、原北京大学生命科学学院教授朱玉贤正式加盟武汉大学，受聘担任武汉大学高等研究院院长。学校正在筹建的高等研究院是武汉大学建设国际一流高校的重要内容，研究院将围绕国家及大学瞄准的前沿学科，开展跨学科研究。建设中的武大高等研究院主要围绕数理科学、生命科学、信息与工程科学、材料科学、社会与管理科学等学科领域开展研究，研究院里的科学家可享受各类特殊的学术待遇，如研究生招生计划、学术津贴等。

3. 导师制度的动态化

2013 年，天津大学积极探索深化研究生教育改革的路径，起草了《天津大学关于全面深化研究生教育改革的意见》等一系列纲领性文件，在研究生招生、培养、资助、质量保障和导师管理等方面做出新的规定。天津大学在改革导师制度方面，增强了导师选聘的灵活性，并强化了导师对学生的指导责任和能力。

在改革导师评定制度方面，天津大学淡化导师资格终身制，建立导师招生资格的年度审核制，实现导师资格向导师岗位的转变。校学位评定委员会不再审核导师资格，而是将此项学术权力下放，由基层学术组织（如学位评定分委员会）根据年度招生需要，综合考虑学科特点、师德表现、学术水平、科研任务和培养质量，确定导师招生资格。天津大学的导师评定制度也将实现三个"脱钩"：一是学院招生计划配置与导师队伍规模脱钩。研究生院在综合改革方案中将单独制定"质量导向"的招生计划分配办法。二是导师上岗资格与职称脱钩。原则上讲，凡是具有博士学位的在岗教师均具有博士研究生（硕士研究生）指导资格。但是其招生资格需由个人提出申请，由基层学术组织评议确定。三是导师岗位与现行"博导65岁退休制度"脱钩。

在强化导师岗位职责方面。天津大学规定教师在走上导师岗位前，需明确其在研究生培养中应履行的职责，即导师是研究生培养的第一责任人，导师的首要任务是培养研究生，导师的基本要求是责任心。一方面，导师对研究生要进行学科前沿引导、科研方法指导和学术规范教导；另一方面，导师要全面落实教师职业道德规范，提高师德水平，加强师风建设，发挥对研究生思想品德、科学伦理的示范和教育作用。

在提升导师指导能力方面，天津大学规定导师的职业发展将纳入学校教师发展中心统筹规划的"天津大学师资培训与发展支持体系"。在导师队伍建设方面，研究生院要坚持导师的岗位培训，充分发挥导师团队作用。针对学术学位研究生导师，重在提升其科研指导能力，支持其进行国际学术交流和访学，加强其对学术前沿的把握和探究能力；针对专业学位研究生导师，重在提升其实践指导能力，支持其参与行业企业实践，加强其与科研院所和企业之间的交流，不断完善双导师制度。

4. 专业学位研究生培养创新

（1）南京农业大学：突出专业学位研究生培养的专业性和实践性

南京农业大学目前拥有 12 种专业学位类别，是全国兽医专业学位研究生教育指导委员会秘书处所在单位，全日制专业学位研究生招生规模已占硕士招生总数的 37%。近年来，学校以承担教育部兽医专业学位研究生教育综合改革试点项目为契机，不断优化课程设置、强化实践教学、加强制度保障，多措并举积极推进专业学位研究生培养模式改革。

① 立足职业性，优化课程设置。南京农业大学围绕学生职业能力提升的培养目标，不断完善专业学位教育课程体系。通过对全校本硕博课程进行统一编码，统筹不同层次不同类型课程建设，通过设置模块化课程，以交叉选课促进宽口径培养，以模块化课程突出专业针对性，强化专业职业技能和实践能力的培养，实现了学术型与专业型研究生课程在保持各自特色基础上的互通互认；建设了 83 门专业学位研究生核心课程，重点对案例教学、案例库、作业及考核、实习实践方式等教学环节和内容进行整体规划和建设，所有课程通过研究生课程中心实现网络共享。

② 立足应用性，强化实践教学。南京农业大学在全日制专业学位教学中，强调对实践应用能力的培养，大力建设了一批企业研究生工作站。通过建设企业研究生工作站，以校内导师校外实践、校外导师校内授课的方式促进了双师型导师队伍建设，实现"培养方案基地参与制定、实践课程在基地教学、学位论文在基地完成、论文答辩在基地举行"的合作培养格

局和"生产实践提供论文选题、成果转化促进企业发展"的共赢机制。目前学校共建设了 49 个省级和 19 个校级企业研究生工作站，进站开展科研工作的研究生超过 500 人，在企业工作站进行实践指导的校内导师 193 人，通过企业工作站等实践基地选聘的校外导师达到 137 人。近日，全国专业学位研究生教育培养模式改革推进会的现场会在南京农业大学与江苏新天地公司共同建设的研究生工作站召开，该基地是学校产学研联合培养研究生的一个典范，得到与会代表的高度评价。

③ 立足高质量，完善制度保障。为了保证专业学位研究生实践教学质量，南京农业大学制定了《全日制硕士专业学位研究生实习实践要求及管理规定》，对实践模式、过程管理和考核方式进行了明确规定，同时，学校从 2012 年开始对每生拨款 1000 元用于开展实践实习；针对不同类别专业学位的培养要求，在各专业学位教育指导委员会的指导下，学校分类别制定了专业学位论文基本要求及评价指标体系，专业学位论文的类型更加多样化，包括案例分析、调研报告、产品研发等。

（2）中山大学：专业学位研究生培养的总体规划

2013 年，中山大学制定并发布了专业学位研究生培养的总体规划方案，从多个方面对专业学位研究生教育进行整体谋划。

① 改革优化专业学位研究生招生模式。改革专业学位招生考核方式，在考试科目设置、考核内容等方面着重考查学生运用基础知识和基本理论分析、解决实际问题的能力以及综合素质，保障专业学位生源质量。

② 推进课程体系与职业资格考试的衔接。明确定位专业学位教育的培养目标为培养社会和行业急需的应用型人才，以职业需求为导向，突出学生实践能力、行业适应与职业能力的培养，改革优化培养方案和课程体系。紧密结合职业资格认证的科目要求，有针对性地设置专业学位核心课程，促进培养环节与职业资格认证的对接。在认证基础上，尝试探索以抵免学分、课程免试等形式，推进专业学位教育与职业资格认证有效衔接的可行性；各学科设立专业学位教育指导委员会，形成定期会议制度，对专业学位培养方案进行常态修订；建设一批突出专业学位特点、以实际应用为导向、满足学生和社会需求的高质量精品课程，以点带面推动专业学位

课程整体水平的提高。

③ 加强行业全程参与专业学位研究生培养。加强与行业组织的联系与合作，推动行业组织参与从授权点设置到学位论文答辩的专业学位教育全过程，以增强专业学位人才培养的社会适应性。积极吸纳一定比例的行业专家加入专业学位教育指导委员会，对专业学位研究生教育提供咨询和指导；加强兼职导师队伍建设，构建双师型的导师队伍。吸纳具有丰富实务经验的行业专家作为校外兼职导师，与校内导师共同承担专业学位研究生实践过程、项目研究、课程与论文等环节的指导工作；广泛吸纳社会资源，着力建设好一批高水平的专业学位教育实践基地，培养专业学位研究生实践能力，构建产学研用结合的联合培养新机制。

④ 探索交叉学科的专业学位联合培养新模式。充分发挥学校作为综合性大学，学科体系完善、门类齐全的优势，整合全校优秀教学资源，构建大学科平台，进一步推动和深化交叉学科的专业学位联合培养。基于社会需求以及学科之间的紧密联合和优势互补，构建从一个专业学位入口、复合专业出口的新型人才培养模式，切实推进优质课程资源的交叉与共享，拓展学生知识结构，增强职业竞争力，培养适应社会需求的复合型人才，探索具有中山大学特色的专业学位教育模式。

⑤ 完善专业学位评价体系，建立授权点动态调整机制。建立科学规范的专业学位评价标准，从专业学位的规划、审核、评估和检查等各环节严格把关，促进专业学位教育稳步有序发展。逐步建立教育主管部门评估、高校内部评估和社会评价相结合的专业学位教育评估体系，积极引入行业力量对专业学位教育的培养质量进行评价、监督与指导；加强专业学位授权点的动态审核工作，建立"可上可下"的授权点动态调整机制，定期组织对专业学位研究生培养单位进行检查。对于学位点建设与培养质量评估不合格，或不再适应产业发展需求的专业，加强办学指导，并通过暂停招生整改、取消学位点等措施进行有效的监控，实现专业学位学科结构的优化。

⑥ 探索专业学位教育的国际化培养模式。充分利用毗邻港澳的地缘优势，与港澳台高校联合培养专业学位研究生；实施专业学位研究生国际课

程合作计划，在平等互惠、优势互补的基础上，与国外一流大学合作设立一批优质国际合作课程，实行师资互派、学生互换和学分互认；采取多种形式，拓展专业学位研究生海外实习与就业渠道；积极借鉴专业学位教育发达国家的有益经验，推动专业学位的国际评估与认证工作。鼓励培养单位积极参与国际权威认证机构和行业协会的资质认证工作，鼓励导师、研究生积极参与国际职业资格证书的培训与考评，培养具有国际视野的高素质专业人才，提升专业学位研究生教育的国际竞争力和影响力。

（四）研究生教育的质量保证

2013 年，研究生培养单位通过学位论文抽检、淘汰机制、学术诚信制度，以及毕业生追踪调查等方式，不断强化研究生教育的质量保证。

1. 学位论文抽检

2013 年，为进一步提升博士培养质量，北京师范大学发布新规定：当年申请毕业的博士论文都须经过"网上盲审平台"进行专家匿名评审。所谓"盲审"即匿名评审，也就是评审专家和论文作者及导师双方相互隐匿姓名。评审专家对论文进行评估，决定其是否符合博士学位要求。北京师范大学的博士论文"抽检"制度虽然已经推行多年，但覆盖全部论文的匿名评审是第一次。

2013 年上半年，北京师范大学应毕业博士有 800 多人，在实施全部论文网上盲审的规定后，实际申请毕业的只有 600 多人，而这其中还有 300 多人是往届延迟毕业的学生。网上全面盲审使近一半的应届毕业生主动承认自己的论文水平不够而选择延期毕业。答辩前的"匿名评审"旨在防止导师因同情、照顾等原因降低标准，让学术水平不足的学生参加毕业答辩。"网上盲审平台"的使用有助于减少博士学位"掺水"的现象，提升博士论文质量。

学位论文是研究生知识创新的成果，学位论文的质量体现了培养单位研究生教育的水平。2013 年在强调研究生教育质量的政策环境下，国家和研究生培养单位都非常重视研究生教育的出口，加强了对学位论文的抽检力度。2014 年，国务院学位委员会和教育部联合发布了《博士硕士学位论文抽检办法》，进一步加强对研究生教育质量的管理，研究生培养单位也严把出口质量关，提高研究生培养的质量。

2. 淘汰机制

研究生教育是探究和创造高深专门知识的教育，在这样的学习过程中，总有相当比例的学生因为无法达到相应水平的要求而被迫中断学习或者直接被淘汰。研究生淘汰制度是保证研究生教育质量的重要手段。根据2010年美国研究生院联合会发布的《前方之路：美国研究生教育的未来》(*The Path Forward：The Future of Graduate Education in the United States*) 报告，当今美国博士研究生教育最大的问题是淘汰率过高，居高不下的淘汰率是美国研究生教育的一大特点。以加利福尼亚大学伯克利分校 (University of California-Berkeley) 为例，该校生物科学领域的博士生淘汰率大概在29%左右，而语言与文学学科的博士生淘汰率为63%。这就意味着在一些学科领域，超过一半的博士生在培养过程中被淘汰。即便是在经过严格选拔的享受国家科学基金（National Science Foundation）设立的"研究生助研奖学金"的学生群体中，淘汰率也高达25%（陈瑶，李彦武，高进军，2010）。

我国研究生教育大体上实行"严进宽出"的政策，学生被录取之后通常都能够顺利拿到学位证书和毕业证。近几年，随着我国研究生教育规模的扩张，研究生培养单位也越来越重视过程管理和出口管理，开始实施研究生淘汰制度。2010年，华中科技大学研究生院发布了一则通知，声称学校拟清退超学时的307名研究生，这些拟清退的307名硕士生、博士生，都是超过最长学习年限仍未完成学业的。拟清退的博士生中有自筹、非定向、定向、委托培养等多类学生，其中定向和委托培养的占73%。拟清退的硕士生中50%是定向、委托培养学生。

3. 学术诚信制度

2010年，国务院学位委员会发布了《关于在学位授予工作中加强学术道德和学术规范建设的意见》，对学术不端行为及其处理意见做出了明确规定。2012年，教育部公布的《关于对学位论文作假行为的暂行处理办法（征求意见稿）》中也对学术诚信提出了明确要求。学术诚信制度是研究生教育和科研质量的重要保证，2013 年，四川大学在进一步推进学术道德和学术诚信建设方面，进行了有益的探索：一是专门成立"四川大学学术诚信办公室"；二是进一步加强学术诚信教育体系建设；三是强化学术诚信过程管理体系建设；四是健全完善学术失范防范体系；五是着力推进学术不端惩治体系建设。

从 2013 年 9 月起，四川大学在全国高校率先建立学生学术诚信道德体系。新生入学必须签署《学术诚信承诺书》，对自己的学术诚信做出保证，否则不得注册入学。每位学生每学期开学进行网上学术道德测试，全过程强化学生的学术道德意识。自 2006 年学校学术道德监督委员会成立以来，共收到各类投诉举报 18 件，经过调查核实和专家鉴定，对 11 件投诉形成明确结论、提出处理意见，占投诉举报总数的 61%。其中，因学术抄袭、学历造假行为给予 2 人解聘、开除处分，因学术剽窃给予 1 人降职处分，批评教育处理并责令改正 2 人。此外，四川大学还形成了"全方位、全覆盖、全过程"的学术道德和学术诚信建设战略："全方位"即涉及学校工作的各个环节，包括制度建设环节、教育培养环节、科研管理环节、人事管理环节、文化建设环节、宣传引导环节等；"全覆盖"即实现学生、教师、科研人员和干部职工的全覆盖；"全过程"即贯串学生培养的整个过程，包括招生录取阶段、入校阶段、培养阶段、毕业阶段等。2013 年，四川大学在进一步完善校、院两级学术道德监督委员会的基础上，专门成立学术诚信办公室，作为独立的职能部门，全面负责学术道德和学术诚信的政策研究、宣传教育工作。

4. 毕业生追踪调查

2013 年《关于深化研究生教育改革的意见》提出"人才培养质量评价要坚持在学培养质量与职业发展质量并重"。随着研究生教育的发展，研究生教育的质量观开始更多地关注在学质量和研究生毕业后的就业质量。作为研究生教育质量的主要责任人，研究生培养单位也积极探索研究生教育质量评价的新方式。

2013 年，广东理工职业学院委托第三方评价机构麦可思（MyCos）对毕业生的就业状况进行追踪评价，并发布了《广东理工职业学院社会需求与培养质量 2012 年度报告》。麦可思公司创建于 2006 年，是中国首家高等教育管理数据与咨询的专业公司，是高校、社会大众、用人单位和政府公认的第三方权威性数据机构。麦可思公司开发的"中国高等教育追踪评估系统"通过毕业生半年后跟踪调查及分析、毕业生三年后跟踪调查及分析和用人单位调查及分析，建立毕业生短期就业能力评价指标体系、毕业生中期就业能力评价指标体系和用人单位需求与评价指标体系。该系统可以连通培养与就业数据，建立专业分析模型，以就业结果评价为依据，帮助学校优化专业培养模式。2013 年，河南财经政法大学等单位也委托麦可思公司进行毕业生就业质量的追踪评价。

（五）研究生教育投入的改革

近几年，研究生教育投入的改革不断通过试点进行推动。2006 年，哈尔滨工业大学、华中科技大学、西安交通大学三所高等学校开展研究生培养机制改革试点。2007 年，全国 17 所高校首批试点进行研究生培养机制改革，改革后的研究生不再区分公费和自费，而是采取奖助学金的方式资助优秀研究生学费和生活费。2013 年，国家正式启动了研究生全面收费制度。研究生培养单位在国家的政策方针下，探索本校的研究生收费和资助体系。

1. 收取学费

2014 年年初，中国农业大学根据国家的有关规定，发布了《中国农业大学研究生教育收费及奖助体系实施办法》。该办法规定从 2014 级新生开始，就读中国农业大学研究生应按相关规定缴纳学费。现阶段全日制学术学位研究生的学费标准为：硕士研究生 8000 元/年，博士研究生 10000 元/年；直博生一年级按硕士生标准执行，直博生二年级及以后年级、进入博士研究生阶段的硕博连读研究生按博士生标准执行。全日制专业学位硕士研究生学费标准按原规定 6000 元/年执行（工商管理硕士、公共管理硕士、金融硕士、国际商务硕士、保险硕士、项目管理硕士等学费标准按有关规定执行）。

2014 年年初，广东医科大学根据广东省《关于研究生教育学费标准及有关问题的通知》要求，对 2014 年起入学的研究生全面收费。广东医科大学科学学位硕士研究生收费标准为 8000 元/年；临床专业学位硕士研究生收费标准为 28000 元/年。科学学位博士研究生收费标准为 10000 元/年。广东医科大学将加大在读研究生的普通助学金及各类奖学金的资助力度。

2. 财政援助

2013 年 9 月 1 日起，武汉大学将大幅提高博士研究生的待遇。全日制普通类博士研究生全部获得一等基本奖学金（全额学费），每人每学年不低于 18000 元普通奖学金；全日制普通类学术学位硕士研究生全部获得一等基本奖学金（全额学费）。而全日制普通类专业学位硕士研究生一等基本奖学金（全额学费）的覆盖比例，将由原来的 15% 提高到 30%；二等基本奖学金（半额学费）的覆盖比例，由原来的 20% 提高到 30%。所有普通类硕士研究生，均获得每人每学年 5000 元普通奖学金。新的奖学金政策实施后，该校全日制普通类博士研究生、学术学位硕士研究生均不用缴学费。

全日制普通类博士研究生每年最低可获奖学金 1.8 万元，平均每人每年都可拿 2.4 万元奖学金。除此之外，还有最高奖励额度为 5 万元的"研究生学术创新奖"，及最高奖额为 1.2 万元的专项奖学金等。加上各类奖项和奖学金，特别优秀的博士生一年有望获得不低于 9.6 万元的奖学金。如果再争取到其他专项奖学金，博士生的收入有可能"比教授工资还高"。

2014 年年初，中南财经政法大学公布了该校研究生奖助体系改革方案。从 2014 年秋季学期起，新入学的研究生学费，原则上全日制学术硕士生每生每年不超过 0.8 万元，博士生每生每年不超过 1 万元。根据该校新方案，博士生每人每年可获助学金 1.4 万元，硕士生每人每年可获助学金 0.6 万元；100% 的博士生和 70% 的硕士生可获得不低于学费标准的学业奖学金，其中 30% 的研究生可以获得相当于学费标准 1.5—1.8 倍的学业奖学金。除此之外，研究生在读期间还可以参评国家奖学金、科研奖学金等，参加研究生"三助"岗位工作。据校方估计，部分优秀研究生一年最高可获 7 万元左右的奖助学金。

三、研究生教育改革实践的反思

从 2003 年到 2013 年，我国研究生教育经历了快速的规模扩张，步入了研究生教育大国行列。2013 年，我国发布了《关于深化研究生教育改革的意见》，对当前和今后一段时期的研究生教育改革发展做出了总体部署，把调整结构、提高质量摆在更加突出的位置，提升研究生教育服务国家经济社会发展的能力和水平。研究生培养单位也积极探索研究生教育改革的新目标、新路径和新方式，从招生、培养、评价、导师和经费等方面转变研究生教育的内容和机制。

（一）研究生教育改革内容的反思

2013 年，研究生教育改革的关键领域是招生方式、培养模式、评价方式、导师制度以及经费投入，国家和研究生培养单位以提高研究生教育质量为核心，掀起了一轮研究生教育改革的浪潮。

1. 招生方式的改革

2013 年，研究生招生方式改革的亮点是学术学位研究生和专业学位研究生分类招生制度的确立，以及博士研究生入学考试"申请—考核"制的试点和推进。招生方式的改革反映了人才培养目标和选拔标准的变化。从单一的学术学位研究生招生方式到分类招生和考试，研究生培养目标的多元化促使招生方式发生相应的变革。

研究生教育的发展需要与国家经济社会的发展和结构保持动态的适应性。在我国经济结构调整的背景下，知识创新驱动的发展模式取代了过去只重视规模投入的发展模式。研究生教育担负着培养国家高层次创新人才的使命，而高层次人才的鉴别和选拔是一项极为复杂的工作，它需要依据专门的选拔标准综合考虑候选人多方面的素质。近几年，在研究生教育的发展过程中，我国拓宽了研究生教育的内涵和范围，开始把专业学位研究生教育作为一个重要的类别，并从招生指标分配等方面为其提供政策支持。同时，在博士生的招生选拔上，为了更加全面地考查学生的素质，并充分发挥导师的自主权，我国某些培养单位开始试点"申请—考核"制，力图挑选出具有创新潜质的高素质人才。

研究生招生方式的改革关乎整个研究生教育的质量。我国长期以来比较重视研究生教育"准入"的高标准，但在研究生培养目标多元化和选拔标准全面化的背景下，我国的研究生招生方式需要更加准确地识别实践性的高层次人才，形成一套不同于学术学位研究生招生标准的评价体系。同时，我国的研究生招生方式需要拓宽学术的内涵和标准，更加全面地考查学生的综合素质和创新潜力。

2. 培养模式的改革

2013年，研究生培养模式改革的亮点是学术学位研究生教育的协同创新平台建设，以及专业学位研究生教育的实践探索。当前，研究生教育的发展越来越走向开放，知识生产模式的转型也要求研究生教育发生相应的转变。传统的研究生教育模式是一种以理论为旨趣的学术探究方式，与现实世界的关联不够直接和密切。随着知识应用性的加强，研究生教育越来越强调教育内容与经济社会发展需要的匹配性，更多的利益相关者也开始广泛参与到研究生的培养过程中。

在分类培养的改革框架下，学术学位研究生教育注重知识创新，而专业学位研究生教育注重实践能力。学术学位研究生教育的发展需要依照当前知识生产模式的转型，拓展对学术的认识，注重知识生产的弥散性和应用性，通过校校、校所等科研单位的合作培养拔尖创新人才。专业学位研究生教育需要更加重视实践能力和专业技能的培养，强调案例教学在培养模式中的重要地位，培养能够引领专业发展的高层次技能型人才。研究生培养模式的改革是深化研究生教育综合改革中最核心的内容，它关系到研究生教育的质量和水平。

研究生培养模式的改革主要解决的是"怎样培养高层次创新人才"的问题。研究生的培养需要以"知识创新"为导向，积极关注社会对于研究生教育的目标需求，能够根据知识生产模式的转型调整研究生培养的方式。

3. 评价方式的改革

2013 年，研究生教育评价方式改革的亮点是学业评价与毕业后的就业质量评价相结合。评价具有导向性，评价方式的改革会促进研究生教育结构的调整和培养模式的变革。从单纯的学业评价，到学业评价与就业评价相结合，反映了研究生教育在服务社会发展需求方面的转变。研究生教育的质量观不仅强调"产品质量"，也强调"用户体验"。

研究生教育的质量不仅体现在入口、过程和出口等培养阶段上，而且也体现在对于学生职业发展的影响上。2013 年，我国不仅加强了学位授予点的质量评估和博士、硕士学位论文的抽检，强化了作为结果的学业成就评价，而且也开始强调用人单位对于毕业生质量的评价，将研究生在校学习经历对于终身发展的影响作为重要的评价指标，形成了比较全面和完善的评价体系。评价标准的拓展也促使研究生培养单位进一步关注研究生终身的发展，而不再把研究生教育作为一种单纯的智力训练和筛选机制。

研究生教育评价方式对"全人"的关注，不仅更好地满足了社会经济发展对于研究生教育质量的期待，而且也将研究生的终身发展纳入教育过程之中。通过新的评价方式，研究生教育与现实生活世界的联系变得更加直接和密切。

4. 导师制度的改革

2013 年研究生导师制度改革的亮点是导师自主权和责任心的加强。《关于深化研究生教育改革的意见》既扩大了导师在研究生招生和培养过程中的自主权，同时又确立了"导师是研究生培养的第一责任人，负有对研究生进行学科前沿引导、科研方法指导和学术规范教导的责任"。导师对于研究生的指导是保证研究生教育质量的关键。导师的指导是一种最高层次的教学活动，同时也是一种极为个性化和人格化的互动活动。研究生导师不仅通过自己的专业知识，而且通过自己的缄默知识对于研究生施加影响。

在研究生教育规模扩张的过程中，导师人数没能跟得上学生人数的增长，因而带来了生师比的增加。作为一种师徒关系，研究生指导需要导师与学生长时间的亲密接触，但生师比的增加造成每个研究生获得导师指导时间的相对缩减，由此影响到研究生教育的质量。2013 年，在研究生教育发展的新阶段，导师的指导能力受到了特别的关注。在博士生"申请—考核"制等一系列改革中，导师的自主权得到进一步发挥，同时随着研究生教育质量保证体系的建设，导师作为研究生培养第一责任人的机制也得以确立。研究生导师需要更多地了解导师指导的理论和实践，提高研究生指导的质量和效益。

导师是研究生教育过程中最重要的影响因素。导师制度的改革不仅要关注导师评聘制度的灵活性，而且要强化研究生指导的质量和水平。长期以来，我国的导师制度注重导师的学识和能力，但缺乏对导师指导的系统训练。随着研究生教育改革的深入，导师指导被置于更加重要的位置。

5. 经费投入的改革

2013 年，研究生教育投入改革的亮点是研究生教育收费制度的启动。研究生教育作为非义务教育，在为国家培养高层次创新人才的同时，也给个人带来了极大的收益。在我国研究生教育规模迅速扩张和义务教育均衡发展的背景下，国家财政无法负担传统的研究生培养机制，实行合理的成本分担既可以保障研究生教育的经费投入，又可以提高研究生教育的质量和效率。

在启动研究生教育收费制度的同时，我国需要建立完善的奖学金、助学金、补助金和学生贷款等财政援助体系，确保家庭经济困难的优秀学生不因学费过高而失去深造机会。从研究生培养单位的改革实践来看，实行研究生教育收费制度后，竞争性的奖学金和助学金制度更能够激发研究生的学习潜力和创造能力。教育财政改革的主要目标是保障经费的充足、公平和效率。在研究生教育规模扩张的背景下，多元化的经费筹措可以弥补国家财政性支出的不足，同时在国家财力有限的情况下，优先保证义务教育的均衡优质发展更体现了国家财政分配的公平性。实行竞争性的奖学金和助学金制度更能够充分发挥财政投入的效率。

研究生（特别是博士生）通常不仅要完成学业，而且还要兼顾家庭和工作。如何使研究生摆脱生计的压力、潜心从事科研是各国研究生教育投入政策需要考虑的首要问题。研究生教育投入的改革需要以财政投入的效率为导向，激发研究生从事科研的热情，提高研究生教育的质量。

（二）研究生教育改革方式的反思

2013 年，研究生教育改革的方式突出了国家层面的顶层设计以及基层的制度创新，从而将自上而下和自下而上的改革方式有机地结合起来。

1. 研究生教育改革的顶层设计

2013 年《关于深化研究生教育改革的意见》，是在党的十八届三中全会做出全面深化改革的决定和贯彻落实《国家中长期教育改革和发展规划纲要（2010—2020 年）》的背景下发布的，它对当前和今后一段时期的研究生教育改革发展进行了新的顶层设计。30 多年的研究生教育改革在制度建设、培养模式、评价方式等方面积累了丰富的经验，但在历史发展的关键节点上，研究生教育需要做出总体性和系统性的设计，以适应国家经济社会发展的新需求。

2013 年，国家围绕"调整结构、提高质量"，发布了一系列研究生教育改革政策，改革的力度和政策的密度达到了空前的水平。在深化教育综合改革的关键时期，单方面的和局部性的改革已经无法有效解决许多根深蒂固的制度性问题，研究生教育改革需要有系统性思维，需要深刻反思行为背后的制度逻辑，通过制度变迁和重建，转变行为背后的支配逻辑。2013 年，研究生教育改革的顶层设计从招生选拔制度、人才培养模式、导师责权机制、评价监督体系、政策条件保障等方面构建了研究生教育改革发展的新框架。国家和地方随后发布的一系列政策和规定都是在这个总体框架下制定和形成的。关于研究生分类考试、收费制度和学位论文抽检等的政策文本都是为了贯彻落实《关于深化研究生教育改革的意见》而制定的。

顶层设计是 2013 年我国研究生教育改革方式的一大亮点，它既有国家改革发展的宏观背景因素，也有研究生教育自身发展积累的深层次矛盾。研究生教育改革既要突出重点、找准突破口，又要全面推进、实现制度化。在 30 多年的改革发展过程中，研究生培养单位在招生制度和培养模式等方面进行了许多有益的探索，但由于高等教育机构的相对自主性，许多研究生教育改革的实践经验未能有效地实现制度化。研究生教育改革的顶层设计站在宏观的角度，统筹各方面的改革，既将局部经验上升为普遍认识，又为总体框架的变化提供依据。

2. 研究生教育改革的基层创新

2013 年，在国家深化教育综合改革的背景下，研究生培养单位的改革活力空前高涨，围绕招生考试、培养模式和评价方式等方面，不断探索新的方法和路径。研究生培养单位创新活力的释放得益于国家教育权力的下放。我国学位与研究生教育管理体制，以 1991 年为分界线，经历了从中央和培养单位的两级管理，到中央、地方、培养单位三级管理的改革发展历程。学位与研究生教育从二级管理体制到三级管理体制的改革，强调了地方政府对本地区学位与研究生教育工作的统筹权，有利于增强学位与研究生教育对不同地区实际情况和发展需要的适应性（谢安邦，朱宇波，2008）。2013 年，研究生导师在招生和培养过程中的自主权进一步凸显，从而增强了研究生培养单位改革创新的活力。

在我国从计划经济向社会主义市场经济转型的过程中，研究生培养单位成为研究生教育质量保证的第一主体。研究生教育管理权的下放，不仅确立了研究生培养单位的主体地位，而且也为基层的教育创新创造了条件。在谁有资格接受教育、如何进行教育以及如何满足社会需求等问题上，研究生培养单位最有发言权。随着现代大学制度的建立和完善，研究生教育的基层创新将更加活跃，而基层的首创精神又会成为国家研究生教育改革的先导和依据。自下而上的改革创新与自上而下的顶层设计相结合，已经成为当前世界各国推进各项改革的主要路径。

2013 年，我国研究生教育改革的方式既注重研究生教育的顶层设计，从总体框架上构建改革的思路、目标、任务和途径，又重视基层单位的首创精神，以责任主体的确立和自主权的扩大来激发研究生培养改革创新的活力。在深化研究生教育改革的重要阶段，改革的方式关乎改革的成效，研究生教育需要统筹协调各方面的因素，系统推进各项改革事业。

第五章

中国研究生教育发展展望①

自 1978 年恢复研究生招生到 1999 年开始扩招以来，研究生教育从原来的精英教育逐渐走向大众化。随着我国社会经济的发展、对外开放的扩大，在研究生培养规模不断扩大的同时，质量问题日益凸显，结构短板愈加突出，国际化水平亟待提高。2013 年，教育部、国家发展改革委员会、财政部联合召开了全国研究生教育工作会议，启动了研究生教育综合改革，明确了未来研究生教育发展思路和改革重点，标示着我国研究生教育事业进入到一个新的历史发展阶段。未来研究生教育发展，应着力提升研究生教育质量，加快教育结构调整，加强教育质量管理，不断提升研究生教育国际化水平。

一、全面提升研究生教育质量

2012 年，刘延东同志在国务院学位委员会第二十九次会议上进一步强调，研究生教育要"走以质量为核心的内涵式发展道路，大幅提升学位与

---

① 本章所引部分数据来源于：中国学位与研究生教育发展年度报告课题组，全国学位与研究生教育数据中心．中国学位与研究生教育发展年度报告（2013）［M］．北京：中国人民大学出版社，2014.

研究生教育发展水平和支撑服务能力"。2013 年 3 月，《关于深化研究生教育改革的意见》指出，统筹构建质量保障体系是深化研究生教育改革的两个重要着力点之一。走内涵式发展道路，服务需求、提高质量是今后研究生教育改革发展的主题。

（一）加强研究生导师队伍建设

目前，我国已经基本进入高等教育大众化阶段，研究生招生规模不断扩大，研究生教育呈现多元化发展趋势。在研究生教育过程中，导师是连接研究生和大学的纽带，是研究生教育质量的重要保障，是研究生教育成功的关键。如何建立一支业务精良、品德高尚、勇于创新的导师队伍是需要不断深思和总结经验的问题。

1. 健全导师选聘与遴选制度

虽然我国大多数高校都有严格的导师选聘体制，但在职务评聘中明显存在"重评审、轻聘任"现象，形成了导师的"终身制"。而且在导师管理上存在"只能上、不能下"现象，缺乏相应的激励和约束机制，导师容易丧失积极性和创造性，不利于导师队伍素质的提升。

导师的素质与指导能力是研究生培养质量的关键。我国应以提高研究生教育质量为目标，根据不同学科类型的特点，建立一支具有较高学术水平、师德高尚、职业素养强、指导能力强的适应现代研究生教育的导师选聘机制。改革现有的职称限制，破除职务的"终身制"，按照"按需设岗、择优选聘、聘期考核"思路建立起以工作岗位为核心的导师选聘机制。建议将导师列入年度招生简章的审批权下放到二级学院，由学校负责备案，赋予院系在导师选聘中的明确责任。通过引进、联合培养、聘任等方式，拓宽高素质导师来源，提高导师整体水平。强化导师资格年度考核与聘后考核制度，破除导师"终身制"，实行竞争上岗、能上能下的动态管理激励机制。

2. 完善导师评价体系

健全的研究生导师评价体系是研究生导师质量的重要保障。现阶段研究生导师评价体系尚不完善，存在评价主体相对单一、评价内容不全面等问题，且在现实评价过程中容易忽视导师发展过程的持续性和周期性。在研究成果评价标准中，重科研而轻教学，且在科研评价中过分关注数量，而忽视科研成果质量、等级。在现有激励机制中，存在重视低层次激励，而忽视高层次激励，激励措施与工作绩效联系不紧等现象。

应根据不同学科的特点以及人才培养的规律，构建合理指标体系，从学生、同行专家以及学校等多角度全方面对"硕导"、"博导"的科研能力、教学水平、学术道德等方面进行综合评价。同时，根据公正、公开、公平原则，建立健全淘汰机制，对没有符合要求的导师给予停止招收学生等处罚，以提高导师的培养能力，激励导师的培养热情，确保整个研究生导师队伍的高素质。再次，制定科学合理的量化指标，根据学科间的差异性，建立包括论文、专著、获奖情况、教学、指导学生情况等方面的具体指标，使其考核具有代表性、可调整性和灵活性，以促使导师在进行科研、教学的同时，加强对研究生的指导，提高研究生的科研水平。

3. 构建聘后管理和持续培养机制

由于我国研究生持续扩招，研究生队伍不断扩大，而导师队伍增长速度相对较慢，为此导致了严重的师生结构比失衡问题，导师对学生存在"放羊式"管理，部分导师科研和教学任务较重，导致在学生管理上的精力和时间大大缩减。同时，部分新导师缺乏管理学生的经验，导致师生关系紧张。加之大多数院校对导师缺乏持续培养机制，导致部分院校拥有博士学位、硕士学位的导师所占比例不高，相关数据显示，2011 年我国普通高等学校专任教师中，博士仅占 16.33%，硕士仅占 35.07%。而且，部分导师缺乏国际化视角，创新意识不强，这些问题直接影响了研究生培养的质量。

建设导师聘后管理和持续培养机制，应结合导师课题项目、科研能力和教学等方面，合理限制导师的研究生招生数量，增加导师对指导研究生的时间和精力投入，增进导师与研究生之间的交流，尽量避免"放羊式"管理。同时加强对导师，特别是新导师进行岗前培训，提高导师的业务能力。培训形式包括新老导师交流会、有经验导师进行示范以及聘请教育学和心理学专家对其进行指导。另外，针对特有的培养模式，如专业硕士研究生，可实行双导师制，使得该部分学生除了拥有专业的科研能力，还拥有社会需要的实践能力；而且可针对学术型研究生开展由单一导师培养为主转为导师组或导师团队培养的试点工作，促进研究生多学科培养，拓宽研究生的研究视野。同时，持续加强导师科研能力的培养，鼓励导师继续深造，通过举办国内外学术会议形式，提高导师的科研能力水平和追踪学术前沿能力水平；鼓励加强国内外学术交流，增加导师出国交流学习的机会，提高导师的综合能力。

（二）提升研究生创新能力

随着我国研究生招生规模的持续扩大，研究生教育质量是否得到保障成为社会各界关注的焦点。研究生是科研论文发表的重要力量，研究生培养质量可从科研论文的发表质量中窥见一斑。2011 年至 2012 年，科学信息研究所（Institute for Scientific Information，简称 ISI）数据库的热点论文（Hot papers）中第一作者为中国人的有 210 篇，其中在校研究生参与撰写的有 160 篇，占 76.19%；在校研究生作为第一作者的有 111 篇，占52.86%。2012 年在《中国学术期刊评价报告（2013—2014）》的权威期刊上随机抽取的 12347 篇学术论文中，在校研究生为第一作者的论文有5048 篇，占 40.88%。但从论文被引用的次数上看，我国发表的科技论文总体质量还较低。据中国科学技术信息研究所发布的 2013 年中国科技论文统计结果，论文发表后被引用的情况，可以反映论文的影响。2003 年至2013 年，我国科技人员共发表国际论文 114.30 万篇，排在世界第二位。但我国平均每篇论文被引用 6.92 次，世界平均值为 10.69 次，表明我国平均每篇论文被引用次数与世界平均值相比还有不小差距。

诸多学者对我国研究生教育质量进行了深入分析，发现了我国研究生创新能力不足是主要问题。王孙禹等人（2007）的调研报告显示，近些年我国研究生教育总体质量保持稳定，但研究生创新能力是致命弱点，而且研究生的组织协调能力、团队合作能力、动手能力等外部适应性较差。陈洪捷等（2011）认为我国博士研究生原始创新不足是造成我国与教育发达国家和世界一流大学博士学位论文差距的最主要因素。董泽芳等（2013）

发现研究生创新能力较差主要表现在发现问题、提升转化方面的能力不足，特别是个体主动探究和发表研究成果方面的能力不足。

1. 建立研究生培养协同创新体系

协同创新是指围绕创新目标，多主体、多因素共同协作、相互补充、配合协作的创新行为。2011 年胡锦涛同志在清华大学百年校庆的讲话中明确指出我国高校要积极推动协同创新。现阶段我国研究生普遍存在创新意识不强、创新能力较弱的问题，这与我国研究生培养模式陈旧有较大的关系。为了提高研究生的创新意识和能力，推进研究生教育体制改革，国务院学位委员会办公室等相关部门提出了《关于深入推进研究生培养机制改革，进一步提高研究生教育质量的意见》等建议，鼓励研究生教育进行协同创新等体制改革，加强校企合作和跨学科培养，提高研究生的创新能力。

2. 完善校企合作的联合培养机制

校企合作的主体包括学校、企业和学生。实行学校与企业联合培养研究生，建立互利、长效的校企合作机制，对学校、企业和学生三个主体均有重要的意义。对学校来说，通过与企业联合培养研究生，学校不仅可以获得资金资助，而且可以通过联合攻关，提高学校的知名度。对企业来说，建立校企合作机制，不仅可以解决生产过程中遇到的技术或管理难题，而且可以获得符合自身要求的高层次人才，这对提高企业竞争力具有重要的意义。对研究生来说，校企合作为其提供了一个将理论与实践相结合的平台，能够有效提高研究生的动手能力、综合分析能力和自主创新能力。为此，高校要加强与企业的联系，通过科研合作项目将企业与学校紧密联系起来，逐渐建立产学研的长效合作机制；同时，高校可聘请企业高级管理人员作为研究生的第二导师，实行研究生培养双导师制；再次，在扩大产学研合作规模的同时，逐步提高产学研合作的层次和水平，通过与企业的合作，拓宽研究生校外实践途径，也可为研究生的就业提供不同层次的机会。

3. 探索跨学科培养模式

随着现代经济社会的快速变化和发展，为了培养符合社会需求的新型研究生，必须对研究生的培养机制进行革新，打破学科割据、各自为政的局面，遵循创新型人才成长的规律和特点，逐步培养符合时代需要的复合型跨学科的综合型人才。探索跨学科的研究生培养机制是我国实行科教兴国战略的重要探索之一。但当前我国高校跨学科研究生培养还处于尝试阶段，存在着培养观念模糊、跨学科基础薄弱、管理机制不健全等问题。为了更好地建立和完善跨学科的研究生培养机制，应树立跨学科培养的观念，从多方面建立和健全跨学科培养机制。这包括建立跨学科组织机构，制定跨学科研究生培养计划；逐渐清除学科间的障碍，合理设置跨学科研究生的课程，提高研究生的跨学科专业基础知识；逐渐培养和引进跨学科学术能力强的导师，建立合理的符合跨学科要求的导师制，提高跨学科导师的培养能力；整合院校间的资源，建立跨学科的教学资源共享机制；建立跨学科、交叉科研创新平台，鼓励交叉学科课题的申请与联合攻关（张良，2012）。

除此之外，要培养创新型研究生，还应从形而上层面审视，融合中西方的大学精神，构建中国特色的研究生创新型人才培养模式。一是将现代大学精神与我国传统文化密切结合起来，逐步形成有中国特色的中国大学精神。如"大学之道"是中国传统文化的重要组成部分，是形成中国大学精神的根基和源头，我国现代大学精神须吸收消化这种精神遗产的价值精髓。二是将大学精神与国际高等教育发展趋势密切相连，使我国大学精神顺应时代精神的发展要求，以获得更加持久的存在价值和发展潜能。三是重新审视和传承中国近代大学的成功之道，为当代大学发展寻找可持续成功的支撑力量。中国近现代有很多成功经验值得当代大学借鉴，可以成为当代大学精神丰富内涵的组成部分。四是积极学习借鉴美国等发达国家世界一流大学的精神理念，让我国重点大学积极发展成为引领中国大学发展的航标灯。在这个基础上形塑具有中国特色的大学精神，推进研究生创新型人才培养进程。

（三）完善研究生教育质量保障体系

研究生教育质量保障体系是指与研究生教育质量保障有关的基本要素

相互联系、相互制约而构成的整体。具体可分为内部质量保障体系和外部质量保障体系。其中内部保障是质量保障体系的基础，外部保障是质量保障体系的关键（陈莹莹 等，2013）。研究生教育质量保障体系具有全程性、全员性、全面性、系统性等特征。全程性是指为保证研究生教育质量，需要对研究生教育进行全程的把控，包括招生、课程设置、教育资源配备、课程学习、学位论文等涉及研究生培养的所有过程。全员性是指在研究生教育质量保障上，不仅包括教育管理和教学部门，还包括受教育者和受教育者家庭，直至社会各界。全面性是指为了保障研究生教育质量，需要对研究生的素质、导师水平以及培养单位等方面进行全方位的提高。系统性是指为了保障研究生教育质量，需要建立目标确定、权责分明、具有系统性的管理制度（陈伟，裴旭，朱玉春，2010）。

2014 年 3 月国务院学位委员会、教育部印发了《关于加强学位与研究生教育质量保证和监督体系建设的意见》，对学位与研究生教育质量保证和监督体系的建设目标、基本原则、具体举措进行了规定，力求最终形成一个多主体共同参与、相互配合、积极有效的，学位授予单位、教育行政部门、学术组织、行业部门和社会机构"五位一体"的学位与研究生教育质量保证和监督体系。

1. 完善研究生教育质量的内部保障体系

研究生教育质量内部保障体系的建立是保证和提高研究生教育质量的基础。内部保障体系主要包括研究生教育的质量管理体系、质量监督体系与质量反馈体系三个方面。质量管理体系包括招生、培养、论文答辩、学位授予、思想政治教育、就业指导等各个环节，也包括师资队伍建设、教学条件建设、教学环境建设等方面；而质量监督体系包括学位评定委员会和各个学位评定分委会的监督职能，加强自我评估；质量反馈体系主要是指对毕业生的跟踪调查和用人单位对毕业生的反馈。

（1）质量管理体系

质量管理体系是内部质量保障的基本和核心。为了保证研究生教育的质量，必须对研究生教育的各个环节进行严格管理。

在我国研究生教育现行质量监控和教学管理体制下，一方面是强调入学考核而忽视培养过程和最终学术能力的考核，致使相当一部分研究生达不到应有水平；另一方面是只注重学位论文而忽视了培养过程中的教学和研究指导工作，导致一些研究生因为缺乏系统的学术训练而难以保证学位论文的质量。另外，研究生培养目标单一，过分强调培养"坚实的理论基础、深厚的专业知识、从事科研的能力"，研究生的理论素养与实践能力发展极不均衡，存在重理论轻实践的倾向，未能真正掌握工作岗位所需要的知识和技能。专业学位研究生培养，往往简单移植或套用学术学位研究生培养的目标，特色不鲜明（洪煜 等，2012）。整体上看，研究生培养方案设计还不够规范。在培养目标上，部分院校注重学术型人才的培养，而忽视应用型人才的培养；在课程设置上，较多高校研究生的课程重知识、轻能力，公共课比重大，而专业课前沿性、国际化程度较低；在教学方法上，多以课堂讲授的灌输式授课为主，淡化师生互动，教学手段单一（周文辉，李明磊，2013）。

应加强研究生教育各个环节管理，具体来说，第一，在研究生招生上，要严把笔试复试关，加大复试面试比重，着重考查考生的知识结构和创新能力，全面考查考生的综合素质能力，从生源上严格把控。第二，在课程设计上，科学合理设计本学科本专业的课程结构，在提高研究生专业能力的同时，拓宽研究生的研究视野，提高研究生的社会适应能力和实践能力。第三，在导师聘任与遴选上，聘任一批学术造诣高、人格品质高以及指导能力高的教师作为研究生导师。可成立学科导师组，对研究生导师进行定期的导师组内部评估、学生评估、学院评估及校外专家组评估，实行导师动态管理制度。第四，在研究生培养上，根据内外部环境的变化适时修订培养方案，同时结合研究生的职业意向，完善个人的培养计划，同时对研究生的课程学习、教师的教学方式等方面进行严格把控。第五，在论文评审和答辩上，要严格执行选题、开题、中期检查、论文评审、论文答辩等程序标准，建立论文质量评价指标体系，积极推行论文校外专家盲审制度，对于不合格的论文坚决进行处理，保证论文质量。除此之外，为了保障研究生教育质量，还应该在教学基础条件、研究生思想与心理教育以及就业指导等方面进行严格的管理。

（2）质量监督体系

在研究生教育的过程中，要充分发挥学校学位评定委员会的监督管理职能，对研究生培养过程及时进行内部评估，及时发现问题和解决问题，保证研究生教育的顺利进行，促进研究生教育质量的提高。同时，建立研究生淘汰机制，在研究生培养环节，如课程考试、综合考试、毕业论文答辩等关键环节设置一定比例的淘汰率，迫使研究生形成危机意识，时刻强化自身能力建设。比如，2013 年开始北京师范大学等高校已经试点进行博士论文网上盲审，加大了对于博士论文质量的监督力度。2014 年，国务院学位委员会和教育部联合发布了《博士硕士学位论文抽检办法》，旨在进一步完善相关制度，严把研究生培养的质量关。

（3）质量反馈体系

研究生培养的最终目标是向社会输送高级人才，用人单位对毕业生的评价对改善和提高研究生培养质量具有重要意义。为此，可建立研究生教育反馈系统，对毕业生进行跟踪调查，分析研究生能力与社会需求之间的差距，进而寻找研究生培养过程中存在的问题，以此改善研究生教育水平。

2. 完善研究生教育质量的外部保障体系

研究生教育质量的外部保障体系是指在研究生教育培养单位以外，为了对研究生教育培养单位教育质量实施连续有效的质量审计与评估等监控活动所建立的监控体系。该体系主要由政府的宏观调控和社会中介机构的评估和监督组成。

（1）转变政府对研究生教育的管理方式

政府是研究生教育质量保证的重要主体，为了保证研究生教育质量，必须改革政府在研究生教育中的角色，将政府从直接性和事务性的职能管理转到间接性和战略性的宏观指导和监督上。政府可通过立法、规划、财政拨款、评估和监督等手段进行宏观调控，从而为研究生教育质量保证提供外部保障。政府具体职能主要包括：制定指导性教育质量标准；建立合理、公正、公平、透明和权威的教育质量评估、认证制度；通过立法、拨款、奖惩、参与独立评审机构决策、任命部分评审机构决策人员等途径和手段，对培养过程进行监督；对高校的教育、教学质量进行整体评估，并建立认证制度；建立质量评估专家信息库；指导、发挥社会教育评估中介机构的积极作用；组织评估人员培训；推动高校教育质量评估研究，促进学术交流。建立国家研究生教育质量保障体系框架，从宏观管理的角度规定研究生教育质量保障的内容、程序，对教育机构培养研究生的资格、能力等进行认证；政府通过政策指导和法律规范间接管理评估活动；学位宏观管理部门应尽快明确评价主体与对象的权利和义务，规范评价工作的组织实施办法。此外应不断改进、完善各类研究生教育质量评价的方法、技术和手段，结合我国研究生教育评价实际经验及国外先进的评价经验，建立各类评价体系。

（2）完善研究生教育质量保障的法规体系

完善法规体系是政府职能的主要表现之一。应结合研究生教育的现状，借鉴发达国家针对研究生教育质量的管理制度，进一步完善《普通高等学校教育评估暂行规定》、《中华人民共和国高等教育法》等法律法规，针对研究生教育质量和评估体系制定专门的法律法规，从法律层面明确规定研究生教育的权责主体、质量评估的程序和手段等内容，以此促进研究生教育质量水平的提高。

（3）构建第三方的专业评估机构

第三方的专业评估机构是政府和高校之外的非官方组织，以教育评估为主要目的，是研究生教育质量保障的必备条件。通过建立以同行专家和职业界专家为主体的第三方评估机构，科学合理地制定评价标准、方法、内容和程序，这对保证评估质量、提高研究生教育质量具有重要的作用。在这方面，英国已有成功经验，比如英国高等教育质量保障署就是一个独立的高等教育质量保障机构，负责对英国所有高校进行定期评估。对于我国来说，第三方专业评估还处在起步阶段，政府相关部门应尽快出台有关研究生教育评估的法规，规范评估工作，促使评估工作有序进行，保证评估结果的客观性。

（4）建立和完善研究生教育质量评价体系

建立健全研究生教育质量评价体系，是研究生教育质量保障体系建设的重要内容，是政府管理和调控研究生教育的重要手段，也是高校发展研究生教育的重要基础。当前我国研究生教育质量评价存在单一化、平面化的状况，缺乏科学、完善的评价体系。很多学校简单以科研产出数量作为评价依据，难以保障科研成果质量，也容易产生种种学术不端行为。同时还存在学位论文评审、答辩把控不严的现象。部分高校对研究生学位论文的选题、评审、答辩等环节把关不严，学位论文淘汰率形同虚设。另外，缺乏对学生毕业后的发展潜力、职业适应性、创业能力等职业发展能力的关注。缺乏有效的监督管理机制、独立完善的评价体系和机构，造成我国研究生教育保障机制不健全。

在总结我国教育评估体系的基础上，应积极引进国外先进的教育评价指标和评价方法，建立和完善各类型的研究生教育评价体系，除了将教学基础设施、教师水平、研究生生源等硬性指标纳入指标体系外，还需将社会对学校的认可度、学校声誉、毕业生就业率、毕业生平均起薪等软性指标纳入体系当中，逐渐将研究生教育评估从注重规模效益转向注重人均效益，从整体评估转向学科评估，从封闭式评估转向开放式评估，从政府部门评估转向政府评估、第三方评估、社会评估等多元化的评估体系，使其评估结果更能全面体现研究生教育水平。

在评价主体上，要构建多元的评价主体。一是促进研究生教育质量评价主体建设，实行培养单位自评、政府宏观评价和中介机构评价相结合的方式。在培养单位按照评估标准进行自评的基础上，由政府监督建立相对独立的中介机构，同时引导原有的中介机构全面整改，形成竞争局面，完善行业自律机制，发挥政府评估和社会评估各自的优势，从而拓宽评估广度，深化评估深度，充分发挥各评估主体在研究生教育质量保障中的职能。二是要建设教育质量动态监控数据库，向社会定期公布研究生教育质量报告，让公众了解研究生教育质量，为选择研究生教育提供依据，同时也对高校研究生教育质量形成有效监管。三是加大行业协会等社会力量参与招生规划、专业设置、人才培养的力度，促进产学研合作，反馈人才培养的质量状况，让培养单位及时了解毕业生的职业发展情况和社会需求情况，避免人才培养与社会需求错位，以便政府和高校及时调节专业设置、类型结构以及培养模式，使研究生培养更具有前瞻性和战略性。

（5）强化教育质量过程保障

当前，很多研究生专业都存在专业训练不足的情况，尤以硕士研究生阶段最为突出。与欧美发达国家的大学相比，我国研究生课程学习强度偏低、质量不高，这也成为毕业生出国留学需要重修硕士学位课程才能攻读博士学位的主因。我国现行《学位条例》只对研究生课程教学和学位课程考试进行原则性规定，而对培养单位在课程设置、教学管理等方面并没有明确的具体要求，这在相当大的范围内导致了研究生课程设置、教学和考核的随意性。学科前沿的成果不能及时引入教学，课程设计缺乏系统性，逐步形成了今天一些培养单位的研究生课程设置陈旧、教学松懈、考核不严等现实问题。目前，相当多的研究生培养单位课程设置是沿用本科学历教育的僵化管理体制，专家参与课程论证很少，开设一门新课程往往要经过烦琐的行政审批，却少有严格的专业审核，整个课程体系的内容也很简单陈旧，不符合现代科学研究人才培养的需要。许多高校没有充分考虑研究生学习的特点，课堂讲授仍是最主要的教学方法。受主客观条件的限制，探究式学习没有得到真正重视，教学效果不理想。

加强教育质量过程管理，一是政府和培养单位应保障研究生招生质量，建立国家质量标准与学校质量标准有机结合的选拔机制，在遴选生源时应以考生的科研潜质及综合素养为依据，而不仅仅是笔试成绩。二是培养单位应改革研究生课程体系，区别硕博阶段的课程内容层次性，硕士阶段的课程设置注重基础性、宽广性和实用性，博士阶段注重综合性、前沿性和交叉性；删除一些不符合研究生培养目标、内容陈旧的课程；开设符合当代经济社会发展、科技进步和教育发展要求的课程，建立科学合理的研究生课程体系。三是建构科学合理的评价指标体系，实行多元评价，既要评价发表论文的数量、质量和参与课题研究等指标，也要评价研究生社会服务、就业质量、用人单位评价等指标。评价指标既要体现研究生教育的共性，也要反映不同类型、不同专业研究生教育的个性差异。

二、加快研究生教育结构调整

研究生教育结构由学科结构、层次结构、类型结构和区域结构四个方面组成，具体表现为研究生教育的学科专业、博士层次与硕士层次、学术学位与专业学位，以及优势学科、特色学科的地区分布。经过多年发展，我国已经初步构建了较为完善的研究生教育体系，学科领域不断拓宽。但是，研究生教育结构的内部协调性与外部适应性不强，尚不能完全适应社会发展的多样化需求，培养质量与国际先进水平相比还有不小差距。因此，立足我国国情，借鉴国际经验，调整和优化研究生教育结构，已成为一个重要的课题。

（一）优化学科结构

从近十年各学科研究生培养的增长幅度和速度来看，我国研究生教育规模迅速扩大，学科结构稳中有变。具体而言，应用性学科研究生规模增长较快，如教育学、法学、农学、医学、管理学等，而以哲学、历史学和理学为代表的基础学科规模增长相对较慢。伴随着扩招，研究生就业日趋困难的现象愈发突出，显示出研究生数量与质量难以满足我国产业结构升级、经济发展方式转变的困难局面。我国高新技术产业人才、高级管理人才以及复合型应用型人才严重不足。因此，为了优化我国研究生教育的结构，未来应该更加突出各学科特色，提高学科发展与社会需求的适配程度，并逐步平衡各学科规模。

1. 明确各学科门类的性质和特色

在规模扩张的背景下，各级各类研究生教育的目标和类型趋于一致，研究生培养机构倾向于按照传统的学术标准设定自己的目标和模式。2012年，中国在读博士研究生中，约98%为学术学位研究生；硕士研究生中，约69%为学术学位研究生。研究生培养的结构和类型相对单一，专业学位研究生教育有较大发展空间，同时研究生培养单位的办学特色不够明确，各类培养机构倾向于采用相同的培养目标和功能定位。现代社会中，研究生毕业后的就业去向不再局限于高校和科研院所，其就业渠道愈发多元化，这就要求研究生教育及时调整培养目标和课程设置，满足不同学生的多样化需求。此外，研究生不再是纯粹以学术为业的专业学者，而是需要具备沟通协调能力、团队协作能力和领导管理能力。这些变化都对单一化的传统研究生教育模式提出了挑战。

对于我国来说，为了提高研究生培养质量，必须明确各学科门类的性质和特色，促进各学科走特色发展之路。首先，要明确不同学科的培养目标。人文社科类和理学等基础学科应侧重培养学术研究型人才、教学型人才；工程技术、信息技术等应用性较强的工学类学科、管理学等应侧重培养专业技术型人才；交叉学科、新兴学科等应侧重于培养复合型人才。其次，要针对不同的学科授予不同类型的学位，采用不同的教育形式。工程、管理、教育等应用型学科，应大力发展专业学位研究生教育、非全日制研究生教育等；基础性学科、哲社类学科应重点发展学术学位研究生教育，侧重全日制研究生教育模式。再次，根据不同的学科性质设计不同的教育过程，在教学计划、课程、学制安排等方面对不同的科类加以区分。应用性学科、高新技术学科应直接面向市场，面向高新技术产业，加强实践课程的设置，增加实践课程的学时，通过与企业的合作，共同确定研究方向，制定培养方案，选择研究课题和学生的毕业论文选题。基础性学科、哲社类学科应侧重理论研究，加强理论课程的学习，重视学位论文的理论创新。

2. 学科发展与社会需求相匹配

从国际比较视野看，世界研究生教育规模发展是一个非均衡的动态发展历程。2000—2010 年，美国硕士学位授予数增长率超过 100% 的四个专业分别是本土安全执法与消防（196%），公园、娱乐、休闲与健身（178%），精细化生产（150%）和工程技术（124%），相比之下，早先热门的通信技术、计算机与信息科学等专业的增长率不到 20%，说明了学科结构变化之迅速。2000—2010 年，美国的博士专业学位授予数也增长很快，其中增长率居前三位的学科分别是本土安全执法与消防（198%）、计算机与信息科学（107%）和商学（94%）。在 2010 年，美国授予博士学位数最多的三个专业是卫生、健康及相关项目（60153 人）、法律职业与研究（44877 人）和教育（9623 人）。而我国研究生教育在不同学科上的扩招基本属于均衡的状态。1996—2004 年博士研究生招生总量年均增长率为 20.2%，而各学科门类博士研究生招生增长率也都维持在 17.1%—26.4%。硕士研究生招生总量年均增长率为 25.5%，而各学科门类硕士研究生招生增长率也都维持在 17.8%—35.5%。可见，我国研究生教育规模扩张在科类间几乎没有差异，增长速度雷同，扩张态势过于均衡。我国各科类间研究生教育发展的基数差距本来就很大，科类间研究生教育规模扩张过于均衡，对协调科类间的比例关系、优化研究生教育科类结构将毫无意义。

国家"十二五"规划纲要指明了我国当前和未来一段时间内社会发展的基本趋势，提出了经济结构战略性调整作为加快转变经济发展方式的主攻方向，以及未来几年内我国社会经济发展的战略重点和主要任务。因此，要实现研究生教育与社会发展同步，完善人才需求预测与发布机制，实现人才培养与经济社会发展需求的对接。完善政策机制，加强对学科专业结构的宏观调控，促进高校根据区域经济社会发展需求，积极主动调整学科专业结构。

3. 平衡各学科发展规模

从结构规模上看，我国研究生教育不同学科之间的规模差距非常大。[①]2011 年颁布的《学位授予和人才培养学科目录》中，自然学科占据了 60%。在 1981—2013 年全国研究生招生人数中，自然学科研究生招生比例从 1981 年的 81.12%下降到 2013 年的 64.76%，但仍然占据绝对优势。人文社科类所占比例自 1981 年以来较为稳定，始终保持在 10%左右，而社会学科研究生招生规模变化较大，从 1981 年的 7.36%上升至 2012 年的 23.83%，提高了 16 个百分点。此外，自然科学"重应用轻基础"、人文社会学科"重经管轻人文"的现象也持续存在，使得一些学科之间的研究生

---

① 学科分为自然学科（理学、工学、农学、医学）、人文学科（哲学、文学、历史学）和社会学科（经济学、法学、教育学、军事学、管理学）。

招生数量差距较大。比如在 2012 年招收的 392840 名学术学位研究生中，自然科学招生数为 254393 人，占招生总数的 64.76%；社会科学为 93626 人，占 23.83%；人文学科招生数为 34023 人，仅占 8.66%；艺术学招生 10798 人，仅占 2.75%。自然学科中基础学科所占的比例较小，理学、医学和农学三个学科所占的比例都远远小于工学所占比例。人文社会学科中管理学、法学等学科受到重视，而哲学、历史学等基础学科逐渐萎缩。哲学学科占比从 1998 年的 1.23% 下降到 2012 年的 1.17%，历史学从 1.71% 下降为 1.28%，都呈现了负增长（李雪林，2011）。

从国际比较上看，英美等一些发达国家对社会科学类学科非常重视。从硕士教育的科类结构上来看，应用性较强的社会科学、商科、法学、工程学等都是各国研究生教育结构调整的重点；英美等国家更倾向于发展应用文科类硕士教育，以日本为代表的亚洲国家则大力发展工程类的应用硕士教育。各国博士研究生教育的科类结构中，尽管工科仍然占有明显优势，但可以看到正在逐步向均衡化方向发展，英美等发达国家的博士研究生学科构成均衡化的趋势尤为明显，除了农学、社会服务、人文艺术等学科保持一个相对较小的比例以外，工程、自然科学、社会科学、医学等学科之间的构成比重差异呈现出逐渐缩小的趋势（文雯，2011）。我国工学类研究生比例过高，教育学、历史学等学科的研究生比例较低的现象，反映了我国对教育的重视程度尚不够，同时体现了宏观政策中的急功近利倾向。

为了优化我国研究生教育学科结构，必须对各学科规模进行宏观调控。一是应适当控制理工科特别是工科研究生的招生规模，加强高新技术学科和应用科学方面的研究生教育。虽然我国处于工业化时期和赶超发展阶段，需要大量的工科人才，但是目前我国的工科研究生总体比例已经很高，工科博士所占的比例曾接近 40%，远远高于美、日等国，到 2012 年有所下降，仍近 35%。因此，我国的工科研究生的数量在保持稳步增长同时，其所占比例应逐步缓慢下降，这符合我国社会发展需要与国际研究生教育发展趋势。二是应该根据我国经济社会发展和国际博士研究生教育发展的趋势适当调整各学科研究生的增长速度。比如，生命科学、医药、健康、心理、教育等学科专业应继续保持较快增长；工科、农科、哲学、历史学、文学等学科专业应保持稳定增长；法学、经济学、管理学等学科专业由于近年来发展速度较快，生师比太高，导师队伍严重跟不上招生速度，并且其培养质量不高，要注重提高培养质量，走内涵发展道路。

（二）优化层次结构

层次结构是研究生教育结构的另一个重要方面，主要是指博士和硕士两个阶段的人才培养在目标、规格、内容和方式上所具有的不同特点。要优化研究生教育的结构，就必须注意到不同层次研究生教育之间的区别和关联，在明晰不同层次差异的基础上，制定合理的结构比例。

1. 明晰研究生教育不同层次的差异

我国研究生教育在硕士、博士层次上只存在程度的不同，而缺乏人才类型、学科布局、培养方式等方面的差异；两者在科类结构整体布局上几乎不存在差异，尤其是博士和硕士阶段所占比例最大的学科基本一致。在博士研究生教育的科类结构中，1998 年所占比例最大的学科依次是工学（43.76%）、理学（20.96%）、医学（11.88%）、经济学（管理学）[1]（6.70%），至 2012 年依次为工学（37.52%）、理学（19.51%）、医学（12.87%）、管理学（6.91%）。在硕士研究生教育的科类结构中，1998 年所占比例最大的学科依次是工学（39.25%）、经济学（管理学）（14.23%）、理学（13.41%）、医学（9.98%），到 2012 年排名有所变化，但前四名仍然是工学（35.22%）、管理学（14.09%）、医学（10.76%）、理学（8.59%）。

有调查显示，在我国授予的硕士学位中，除专业硕士之外，其他学科门类的结构与博士学位授予的学科结构很接近。这种结构雷同，反映了我国研究生教育没有体现出不同学科专业对于不同层次人才需求的差异性（李立国，詹宏毅，2008）。这在一定程度上是由我国长期以来硕士学位作

---

[1] 2001 年之前研究生教育设置有 10 个学科，管理学未列入；2000—2001 年，管理学从经济学中分离而独立设置。

为终结性学位（连接本科教育阶段与职业生涯），而非作为过渡性学位（连接本科教育阶段与博士教育阶段）这一制度造成的，但更重要的是体现出我国研究生教育在硕士、博士两个层次上缺乏人才类型、就业方向、培养模式等方面的差异，对市场需求反应滞后，研究生教育和培养标准一般注重理论与学术，不太重视开发与应用，培养模式单一，学科结构失衡。

在国际上，发达国家研究生教育的科类结构与培养类型在层次上有显著的差异。20世纪末，美国理科博士研究生占博士生总数的约四分之一，英国纯科学类研究生比例超过四分之一，德国1998年数学与自然科学的博士研究生比例为31%（李雪林，2011）。美国研究生教育对不同学科的研究生培养有着比较清晰的定位，学术型和应用型学位培养目标定位明确，使硕士生和博士生教育培养关注点不同。以2005年为例，理学的硕博比为3.07：1，理学博士学位授予量占全部理学研究生学位授予量的比重达到24.59%。这说明美国非常重视理学的博士生培养，重视高水平、原创性的科学研究，突出了理学作为基础学科的特点及其在国家创新中的作用。从2000年到2012年，日本在学研究生数分学科比例结构在博士和硕士两个层次上表现出明显的不同，卫生与健康类在博士教育层次所占比例始终最高，维持在35%左右，而在硕士层次所占比例一直在中间位置，从2000年的第八位（4.55%）上升到2012年的第六位（6.54%）。2000—2010年，美国博士教育中卫生和法律两个专业占比最大，合计占总数的60%以上，其他专业相对平衡。在硕士层次，商学和教育学两个专业占比最大，合计占总数的50%以上，其他专业相对平衡。

因此，在我国下一阶段的研究生教育工作中，应该着力调整研究生层次结构。首先，要明确硕士与博士层次的培养目标、培养方案及其就业方向，确定各自重点发展的学科领域，确保科类结构在层次上差异互补。研究生教育科类结构调整中应确定博士、硕士教育各自重点发展的学科领域，在博士和硕士层次，研究生教育的学科应体现出差异性。其次，根据我国经济社会发展和国际博士研究生教育的发展趋势，在博士层次发展理论性较强的基础类学科，同时积极推动基础学科与其他学科的交叉融合，充分发挥理学基础学科在科学技术研究领域中的基础性和先导性作用。硕士阶段在保证基础性、理论性学科专业基本需求的前提下，应大力发展应用型、职业性较强的学科专业，集中资源培养社会急需的高新技术专业人才、高级管理人才和高级应用型人才，逐步使我国硕士研究生教育的学科结构与经济社会发展需求相适应，实现研究生教育科类结构在层次上的差异互补。

2. 稳定博士生培养规模，扩大硕士生培养规模

2012 年，我国在校研究生 1718948 人，其中博士生 283615 人，硕士生 1435333 人，二者之比为 1：5.06。同年，我国授予博士、硕士学位的人数分别为 56338 人和 565211 人，二者之比由 2000 年的 1：5.25 提高到 1：10.03。虽然我国硕士与博士层次的规模差距在逐年拉大，但与一些发达国家相比，我国硕士层次教育规模仍然处于劣势。结合本科教育的发展趋势来看，2000 年以后我国本科、硕士和博士毕业生在规模上都出现了快速增长的态势。2000—2012 年，我国本科、硕士和博士毕业生的年均增长率分别为 16.70%、20.79%、13.34%，而且 2008 年之前三者的年增长率都在两位数以上，尤其是硕士研究生教育增速最快。2008 年之后，我国本科生与研究生教育虽然仍趋于增长，但增速明显放缓，三者的年增长率基本维持在个位数水平上，特别是本科与博士毕业生的增长速度逐步下降。我国目前授予学士学位和硕士学位的比例由 2000 年的 10.42：1 下降到 2011 年的 6.99：1，而美国和英国授予学士学位与硕士学位的比例分别为 2.8：1 和 1.9：1。可见，我国当前硕士研究生培养规模还有进一步扩大的空间，与国际高等教育发展相比还有较大差距。

从国际比较来看，许多国家高等教育发展情况表明，不管从哪个角度看，博士研究生教育都属于精英教育的层次，旨在培养精英人才，其规模与硕士生相比存在着很大的差距。在研究生教育规模长期居于世界第一的美国，其博士生教育也一直处于十分精尖的发展状态。最近 40 年，美国研究生教育的规模占到学位教育（这里的学位教育不包括副学士学位教育）总规模的 30%左右。其中，硕士研究生教育占到学位教育总规模的 25%—29%，占到研究生教育规模的 90%以上，而博士研究生教育规模不到学位

教育总规模的 3%，不足研究生教育总规模的 10%。由此可见，博士研究生教育以培养各学科领域的高级研究人才为目标，必须严格控制质量、追求卓越。

对于我国来说，考虑到国家发展战略、社会发展水平以及研究生教育现状，今后一段时间内应该保持博士生培养规模，适度扩大硕士生规模，大力发展专业硕士学位研究生教育，从补偿性增长向协调性增长转变。根据社会需要和国情进一步提高硕博层次比例，厘清硕士与博士层次的界限。同时，严格限制新增博士学位授予单位的数量，注重现有博士学位授予单位的内涵发展，满足高校类型调控的需要。如果研究生教育能够真正贴近社会，各方受益主体在成本核算压力的作用下必然会理性选择，社会需要和可能发展多大的研究生教育规模，用人单位缺少和能够聘用多少不同层次的人才，高校则培养与提供相应规格的研究生。从社会需求上看，我国硕士层次教育仍存在较大增长空间，今后研究生教育层次结构调整的基本趋向应当是在稳定博士研究生教育规模的基础上，把研究生教育的扩增重点放在专业硕士方面。

（三）发展专业学位研究生教育

由于历史和文化传统的影响，我国一直存在着"重学轻术"的教育观念，学术学位研究生一直占据优势地位。1990 年以后，我国开始大力发展专业学位教育，到 2012 年，招收专业学位研究生 321656 人，占研究生总数（714496 人）比例为 45.02%。2013 年，全日制硕士研究生专业学位类别已达到 39 种，博士专业学位 5 种。按照教育部计划，到 2015 年，全日制学术学位硕士与全日制专业学位硕士比例将达到 1：1。与此同时，近年来扩招后的专业学位研究生还存在着不少问题，需要进一步明确不同类型研究生教育的定位，大力培养不同专业类型人才，优化专业学位研究生管理体系。

1. 明确不同类型研究生教育的定位

目前，社会对专业学位了解不多、认识不深，社会认可程度还不够高。从国家层面来看，专业学位教育缺乏权威的国家定位。整个社会甚至受教育者本人对专业学位的认可度不高，用人单位的招聘及人事制度中更没有体现出对专业学位教育的足够重视。学校管理者对专业学位教育重视程度不高，对其管理明显存在边缘化、培训化及营利化等倾向。

另外，专业学位与学术学位的培养目标缺乏准确定位，前者与培养学术学位人才趋同，难以体现职业型人才与专业学位培养类型的特征，虽然两者的培养方式在文字表述上存在差异，但实际上所设置的课程与学术学位研究生课程雷同现象非常普遍，两种学位的研究生同堂上课的现象也是屡见不鲜，专业学位研究生在知识与能力上并没有显现出任何特色和差异。

虽然在专业学位硕士研究生的培养方案中甚为强调课程的应用性和实践性，在实际上却缺乏案例教学、实践教学。研究生教学一直存在理论与实践"两张皮"现象，因为从事专业学位与学术学位研究生教育的管理和任课人员趋同，课程设置与教学模式很难摆脱学术学位的培养方式，课堂教学也没有突出面向实际问题和实践能力的培养，重讲授轻研讨，重理论轻实践，忽视批判思维和实践能力的养成，导致学生缺乏发现、分析与解决实际问题能力，不能很好地满足研究生职业发展需要。

从国际视野上看，即使是在发达国家，以职业为背景的专业学位也受到充分的重视。第二次世界大战后是美国研究生教育发展的黄金时期，它的研究生规模迅速扩大，主要是硕士层次，其中发展最快的是专业学位硕士教育，传统的文学硕士和理学硕士并没有太大发展，专业学位教育逐渐成为研究生教育的支柱，处于主导地位。至 20 世纪 90 年代，美国专业硕士学位获得者的比例已占硕士学位获得者总数的 55% 以上。美国专业学位研究生教育的目标明确、层次分明，专业硕士学位、专业博士学位和第一职业学位相互联系、各有侧重，共同构成完整的专业学位研究生教育体系，与学术学位相互补充，满足了社会对不同层次、不同类型学位的实际需要。

专业学位教育应体现与学术学位教育的差异，形成两者独立的培养路径。一是科学定位不同类型的研究生培养目标，明确不同类型研究生培养对象、规格、内容和学位授予标准等，改革专业课程设置，强调课程内容的应用化、课堂教学的实践化，建构合理的课程体系，逐步形成专业学位研究生的教学模式。二是探索合理的教学方法，将课堂讲授与研讨、模拟训练、案例教学、实践教学等形式有机结合，鼓励学生积极主动地参与教学活动，并建设相应的案例库，探索现场研究、模拟训练等教学方法，注重理论联系实际，有机结合课堂教学与实践教学，建构适应实际情况及未来职业要求的教学模式。三是加强实践基地建设，充分调动企事业单位参与专业学位研究生培养的积极主动性，为专业学位研究生进行岗位实践训练创造良好条件。四是大力推进专业学位研究生培养院校与科技创新型企业组建联合培养研究生基地。这有利于高校与企业发挥各自所长，实现资源共享、优势互补、共同发展，同时有助于把研究生培养置于产学研相结合的基础上，提高研究生知识结构与能力体系的复合性和创新能力，为产业结构升级和社会发展提供强有力的人才与技术支持（吴开俊，王一博，2013）。

2. 大力培养不同类型专业人才

2012 年，我国在读博士研究生中，98% 为学术学位研究生；硕士研究生中，学术学位研究生占 69.1%。我国研究生培养的类型结构仍然难以满足社会发展需求，需要学术学位与专业学位研究生教育的协调发展。一是稳步发展学术学位研究生教育，培养理论基础扎实、原始创新能力与集成创新能力强的高层次人才，为我国建设创新型国家提供人才保障。二是积极发展应用型研究生教育，努力培养理论基础扎实、创新能力和实践能力较强的拔尖创新人才，培养社会急需的工程、经营、管理、技术推广等类型的高层次人才，为社会提供丰富的高素质人才。建议针对部分明显具有行业性、职业性特点的学术型硕士研究生培养目标进行重新定位，因为目前这些具有鲜明职业特色的学术型硕士研究生的培养目标与专业学位研究生的定位相一致。三是进一步完善非全日制研究生教育的培养机制，同时大力发展专业学位研究生教育，重点扩大应用型、复合型人才培养规模，培养理论基础宽广，实践应用能力和技术创新能力强的应用型、复合型创新人才，构建符合专业学位研究生教育特点的培养模式。力争到 2015 年学术硕士与专业硕士比例达到 1∶1，以更好地适应产业发展和劳动力市场的需求。

3. 优化专业学位研究生教育管理体系

我国目前缺乏一套行之有效的指导标准和教学保障制度，多数培养单位在专业学位管理上不到位。制度和政策障碍还表现出制度变迁过程中的路径依赖，这主要体现在政府和学校虽然制定了相关的政策或制度文本，但是这些政策或制度却不能很好地落实，或在执行过程中发生了偏离。

改革研究生教育管理制度，优化专业学位研究生教育管理体系，是专业学位研究生教育人才培养模式改革的重要任务。一是培养单位应当在学校和院系之间合理分配行政管理权力，在保障基层单位在专业学位研究生人才培养问题上的主体性的前提下，改善学校层次的宏观管理，加强学校行政管理部门的服务和协调职能。要扩大院校的办学自主权，增加导师的话语权，提高导师参与人才培养模式改革的积极性。专业学位研究生教育管理制度还要有利于吸纳来自合作教育单位的具有实践经验的导师，进入各种相关的委员会和导师组，发挥他们在专业学位人才培养中的作用。二是政府要积极推进专业学位教育与相应行业的执业资格考试相衔接的制度建设，使专业学位教育成为部分成熟的执业资格考试之必需，公众才会认可专业学位教育的重要性，进而提高专业学位教育的社会认同度和社会地位，促进专业学位教育的进一步发展。三是培养单位应建立严格的指导教师遴选和考核程序，真正选拔学术性和实践性兼备的优秀教师担任全日制专业学位研究生导师。同时，应切实加强双导师制度建设，建立校内导师和企业导师交流机制，定期开展导师培训工作。此外，还应建立激励机制，在招生指标和考核晋升等方面给予倾斜支持，吸引具有丰富实践经验的年轻教师担任全日制专业学位研究生指导教师，逐步解决指导教师队伍人数不足的问题，从而保证全日制专业学位研究生的培养质量。

（四）振兴中西部研究生教育

研究生教育区域结构受到社会、经济、人口、科技等多方面因素的影响，与社会经济发展水平、地区产业结构等有着十分密切的关系。我国东部、中部和西部地区的研究生教育发展一直存在着不平衡现象。目前，东部、中部、西部的在校研究生规模分别为 53.99 万人、16.52 万人、18.93

万人；每万人口在校研究生数分别为 7.83 人、3.60 人、3.28 人。对此，《国家中长期教育改革和发展规划纲要（2010—2020 年）》提出要"优化区域布局结构。设立支持地方高等教育专项资金，实施中西部高等教育振兴计划"。2011 年，教育部正式启动"中西部高等教育振兴计划"，旨在加强中西部地区优势学科和师资队伍建设，力争在中西部形成一批有特色、高水平的高等学校，全面提升中西部高等教育质量。总体来看，振兴中西部地区高等教育，必须加大政府投入和扶持力度、坚持办学特色、建立区域合作机制。

1. 加大政府投入和扶持力度

根据"武汉大学中国科学评价研究中心"公布的 2011—2012 年中国研究生教育评价结果，在办学资源、教学与科研产出、质量与学术影响三个一级指标的十强排名中，东部占七个、中部占两个、西部占一个。东部之于中西部具有绝对优势，中西部研究生教育的办学资源和学术影响力均处于弱势。通过分析前 50 强高校的地区分布情况以及各个地区的得分情况，北京、湖北、上海以及江苏四个省市的高校数量占前 50 强的 52%，其中北京就有 9 所，占近 10%。全国 31 个省（区、市）中，还有 12 个没有 1 所高校进入前 50 强。这 12 个省（区、市）大多为西部经济较为落后的地区，这些都表明了全国研究生教育区域分布不均匀的现状。

缺乏政府的财政支持是造成我国研究生教育区域差异的最主要因素。长期以来，国家启动的各项高等教育建设重大工程对中西部地区的支持程度都比较有限。因此，中央财政投入应继续向中西部经济欠发达地区倾斜，设立中西部地区研究生教育发展基金，扶持中西部高校加强学科队伍建设、改善办学条件、引进优秀人才，从而切实提高中西部地区研究生教育水平。作为发展主体，中西部地区各级政府要承担发展本区域研究生教育的责任，大幅度增加研究生教育的经费投入，并多渠道筹措研究生教育经费。

2. 合理调整层次结构，坚持特色办学

从产业结构与研究生教育发展关系的角度来看，应通过研究生教育为中部地区培养大量的综合型、创新型和应用型高层次人才，以适应中部地

区产业结构调整与升级的需要。

对于西部地区来说，研究生层次结构调整应把重心放在硕士研究生教育之上，适度发展博士层次研究生教育。应立足西部特色专业，以特色促进相关学科专业的建设与发展。同时适度调整资源配置，逐步减少区域内部的差距，促进研究生教育协调发展。

3. 建立区域合作机制，促进优质资源共享

国际经验表明，研究生教育发展和经济发展水平具有较高的相关性。有研究指出，地区研究生人数与其经济发展水平高度相关，美国、日本、英国的相关系数分别高达 0.929、0.976、1 （许为名 等，2005）。但是，我国研究生教育发展与经济发展水平的匹配程度不高，有些地区迅速的经济发展与滞后的研究生教育严重不协调。有研究指出，2009 年我国研究生教育显著超前于区域经济社会发展的省（区、市）有北京、四川、陕西、甘肃、贵州和云南，研究生教育显著滞后于区域经济社会发展的省（区、市）有天津、浙江、江西、山东、河南、上海、广东和河北（王传毅，袁本涛，文雯，2013）。

2011 年，国家实施"中西部高等教育振兴计划"，明确提出要"加大东部高校对中西部高校对口支援力度"，研究生教育应积极探索区域合作机制，推动优质资源共享。目前，国家在对口支援上已经积累了成功的经验，如北京大学支援石河子大学、清华大学支援青海大学等，对于推动这些区域的高等教育发展发挥了积极作用。国家应该继续创造条件，采取积极有效措施，支持鼓励东部地区高校学者和科研院所专家到中西部地区高校从事短期教学与学术交流，联合培养研究生，促进这些地区师资水平的提高和研究生培养质量的提升。而中西部的地方政府和企业也要主动与内地的研究型大学联系，通过跨区域的合作，满足当地的人才需求，借用外力为本地培养高层次的人才，提高区域教育竞争力。

三、加强研究生教育管理

我国自恢复学位制度以来，研究生教育取得了长足发展，研究生教育管理体制的改革逐步深入，基本形成了同经济建设、科技进步与社会发展需求相适应的、具有中国特色的研究生教育管理体制。随着我国经济体制转型和社会变革进程加快，以往根植于计划经济体制的高度集中的研究生教育管理体制，同研究生教育事业自身发展与经济社会发展对高水平研究生教育的要求相比，已显得越来越难以适应，需要进行调整和改进，以满足教育改革和发展需要。《国家中长期教育改革和发展规划纲要（2010—2020年）》明确指出，要不断提高研究生特别是博士生培养质量。当下，管理权力的下放是充分调动地方政府统筹区域经济与教育协同发展、优化高等教育结构及学科布局、进一步促进学位授予单位适应国家和区域经济社会发展需求而进行结构调整的迫切要求。

（一）建立开放型研究生教育体系

经过几十年发展，我国的研究生教育已经改变过去权力高度集中于中央教育行政管理部门的情况，逐步形成了集权与分权相结合的管理体制，力求给予地方政府和高校更多的管理权和自主权。受制于传统体制等因素，当前我国研究生教育管理在中央、地方和培养单位三者之间仍然存在权责边界不清晰的问题，"它反映了管理权限在原有体制内从上到下的变化，只是把管理的重心由中央下移到地方各级政府和学校，而并未超出原有体制范围"（顾海良，2006）。为了改变此种局面，中央、地方和高校三者之间应该相互协调，努力构建多中心治理结构。

1. 加强中央宏观指导，提升咨询服务能力

在我国，高等教育以公办为主，与发达国家研究生教育公办和民办并举的办学格局相比，我国的研究生教育办学体制较为单一，民办研究生教育缺乏立足的空间。国家办学体制决定了研究生教育经费来源主要是政府

拨款，企业部门、社会团体、民间机构和社会个人等社会力量参与投资研究生教育的积极性较低。我国研究生教育投入机制单一、成本分担意识欠缺，不仅违背了市场经济规律，与时代发展的需求不相适应，也与我国现阶段的国情不甚相符。

办学主体单一带来了强烈的中央集权管理色彩，政府宏观管理运行机制缺乏活力，突出反映在研究生教育发展与社会需求错位。我国研究生扩招并非从研究生教育本身出发考虑，而是追求办学的规模、办学的政绩和现实的利益，使得一些经济社会发展急需的学科专业以及交叉学科、边缘学科不能适时设置，导致学科体系脱离了经济社会发展的现实需求。此外，我国的研究生教育主要以学术学位研究生教育为主，专业学位研究生教育发展不仅滞后，而且培养目标与学术学位研究生同质化，培养过程存在培训化、商业化倾向，培养质量普遍不高。

党的十八大报告明确提出各级政府应当"继续简政放权，推动政府职能向创造良好发展环境、提供优质公共服务、维护社会公平正义转变"。因此，理顺中央与地方合作管理研究生教育的权责，明确政府与高校的职责，建立中央、地方、高校三者互动的管理体制是当务之急。中央政府应通过政策调控来提高自身的管理能力，依法进行宏观指导，制定相关规章，对研究生培养进行整体规划布局；制定全国研究生教育发展的总体规划；对学位标准、学位授予权进行定期审核与评估；调节研究生教育与社会发展的要求，处理好规模与结构、质量的关系。

中央政府应以提供咨询服务为主，加强宏观上的调控和监管，逐步减少对招生和培养过程中一些具体问题的介入。同时，要改变以招生指标来控制培养质量的质量监控体系，探索通过质量认证和同行评估、市场选择来实现质量监控的路径。相关部门还应该积极探索在研究生教育管理体制中引入竞争机制，激励培养单位发展优势学科、淘汰劣势学科，促使各培养院校办出具有特色与个性的研究生教育。同时，还应该促进区域内研究生培养单位间的合作与优势互补，提高研究生教育资源的利用效率，推动我国研究生教育整体质量和水平的提高。

2. 建立地方统筹机制，落实省级政府统筹权

我国的政府既是办学者，又是管理者，同时还是投资者，扮演着多重角色，政府具有绝对权威。中央政府对研究生教育实施集中管理，地方政府的统筹权很难全面落实，更多的只是扮演一个执行者的角色，尽管中央文件已经明确规定省级政府有权统筹协调本行政区域内的高等教育事业，但实际上，省级政府在立法、评价、监督、高校设置与调整、资源配置、招生、专业与学位设置等方面仍然没有真正统筹的权力，致使其主动性和积极性受到影响。

在以后的研究生教育管理体制改革中，应该充分发挥地方政府在本区域研究生教育中的统筹决策管理能力，根据社会经济文化发展要求与区域实际，制定学科建设与发展规划、专业学科设置方案、学位授予及招生计划等，调动地方举办研究生教育的积极性，进而优化区域内研究生教育结构和体系，形成各具特色的地方院校，促进地方经济发展。同时，属地政府的管理也应以引导、激励为主，如拨款、信息指导，尽量减少行政干预，尊重学校的自主权。

3. 扩大培养单位自主权，促进监管与自律相结合

受传统的研究生教育管理体制影响，我国研究生培养单位缺乏自主权和监管机制。目前，研究生招生计划、资源配置、资助机制以及评价与反馈机制的主导权完全由教育行政部门掌控，研究生培养单位、社会机构难以获得话语权。另外，在目前的管理体制中，中央政府对学位实行严格的计划管理，从学位授权审核到学科专业设置、学位评定、证书发放等几乎都纳入国家统一计划中，学校很少有自主权。这种行政化的管理限制了学校主动性的发挥，抑制了学校内部学术自由的发展。同时，省级政府对学位的管理职能在实际工作中显得越来越重要，但在法律上缺乏明确的规定（周洪宇，2013）。这些都阻滞了我国研究生教育的进一步发展。

研究生培养单位的自主与自治是发展高水平研究生教育的重要前提。一是保障研究生培养单位自主进行学科规划和建设的权利，全面下放二级学科设置权，逐步赋予其学科目录内一级学科设置权。二是根据社会发展和科技进步需要，建立修订学科目录的动态机制，使学科修订紧跟时代发

展要求。教育部于 2011 年颁布《学位授予和人才培养学科目录》，要求研究生培养单位应按新目录进行对应调整，加强了学位授权审核及学位与研究生教育质量监督工作。三是调整学科专业结构，在保障培养单位具有更多学科和专业设置自主权的同时，加强宏观调控，引导培养单位系统地、有计划地设置社会发展急需的学科专业以及交叉学科和边缘学科。四是不断健全培养单位的内部自律机制，履行相应的责任，从全局、长期目标出发，探索研究生招生制度设计、资助机制、培养机制、质量评估与反馈机制等方面的改革与完善，增强高校研究生教育结构调整的自主性与积极性。同时，研究生教育主管部门需要对研究生培养单位进行相应的监督与检查，使研究生培养单位的办学自主权能够真正落实到学术研究与课程教学上，达成自主与自律、调控与监管相结合的效果。

（二）完善学位授予与审核制度

我国《学位条例》只对学位授予权给出了一些概括性要求，对申请和审批学位的规定也比较笼统。在历次审核评审中，学位点申请的基本条件主要以文件的形式给出，其内容主要以学科实力描述为主，缺乏对申请单位在研究生培养的质量管理与保证方面的要求。同时，评审标准的不完善也加大了专家学术评审的难度，最终影响评审的科学性和公正性。因此应进一步完善学位授予与审核制定，制定明确评审标准，加强质量管理方面的监督。

1. 尽快出台《中华人民共和国学位法》，完善研究生教育法律体系

从我国教育发展和社会需求的现实出发，应该在广泛开展调研的基础上尽快制定和颁布《学位法》，确立学位制度的相对独立性，明确学位授予法律关系主体之间的权责与义务，明确各层次及各类型学位分类体系，以建立更加科学和完善的学位与研究生教育管理体制。按照规划，到 2015 年，我国硕士专业学位研究生招生数将达到研究生总招生数的 50%，这就更加要求各高校要在总结经验的基础上，根据不同类型、不同学科的要求，在招生、师资、课程、毕业等各个环节，切实做好研究生分类培养工作。另一方面，各培养单位还应该区分终止性学位和非终止性学位，对转

换类型攻读学位的研究生根据新的方向进行管理。

2. 试行学位授予权"期限制"，完善审核机制

现行《学位条例》没有规定高校学位授予权的期限，这意味着高校一旦获得学位授予权，将是"终身制"，缺乏对其学位授予权重新审核和监督的机制。这种监管缺位导致研究生教育质量保障机制建立的困难，客观上让参评单位过于关注学位授权点的获得，而弱化了对学位授权点的后期建设和质量保障，以及建立保障学位授权点水平的内部质量管理机制。此外，在现行制度之下，高校能否获得学位授予权与其获得公共资源的多寡密切相关。这就诱使高校争先提高办学层次，盲目追求院校升格，内涵发展往往得不到真正重视。

因此，建议对学位授予权试行"期限制"。这一期限可以设置为六年左右。在这六年期间每次评估都获得合格以上等级的单位，说明其能够严格履行相关责任，而且在社会上已经树立起良好声誉和品牌，可以直接获得后续六年的研究生招生和培养权。而其他学校，必须和新申报学位授予权的单位一样，重新申请，由评估专家组抽查相关学科进行合格评估而确定是否获得学位授予权。另外，对于以往两年一次的学位授予权审核和四年一次的授予权单位审核，可以考虑改为常年受理制。

在试行学位授予权"期限制"的同时，还应该改进授予权审核方式，提高腐败和弄虚作假的成本，严惩不正之风。一是在关于审核的文件中明确材料填报要求、评审程序和审核纪律，加强对单位申报与审核过程的监督。二是加强对自行审核增列和新增学位授予单位增列的学位授权学科专业点的专项评估。专项评估合格者，继续行使授予权；专项评估不合格者，视情形限制或终止自行审核权，并限制其申请新增授权学科专业点。三是通过公示环节加强社会监督。对审核过程中学位授予单位或学科专业点的资料和重要审核结果，应以适当方式予以公示。四是加强对授权点建设情况的监督。准确掌握各学位授权点的基本信息，为学位授予单位和学位授权学科专业增列调整工作提供信息支持。此外，还应该加大省级政府在学位授权管理方面的调控权，真正落实研究生院单位自行审批和调整硕士、博士学位授权点的权利，继续推进按一级学科进行学位授权审核的

工作。

3. 加大研究生学位制度管理的宏观调控力度

目前，我国在读博士生 28.4 万人，占研究生总数的 16.50%；在读硕士生 143.5 万人，占研究生总数的 83.50%。从学位类型来看，博士生绝大部分为学术学位；硕士生中，学术学位占 69.1%，专业学位占 30.9%。从培养单位看，普通高校研究生人数占全国总数的 96.5%，科研机构等其他培养单位研究生人数占 3.5%。学术型博士和硕士的学位点规模较大，但其培养目标与社会需求存在距离，专业学位的发展落后于学术学位，直接导致高层次应用型人才紧缺。另外，区域间的学位点发展与区域经济发展、科技发展的协调性不够，导致人才流动不合理。

因此，需要充分发挥学位授予权审核的宏观调控功能，稳定博士点规模，加强学科建设，合理调整研究生教育的布局结构。在硕士阶段，可以适当扩大学位点和招生规模，使我国的学位授权点布局与区域经济的发展进一步匹配。对于硕士生规模的增长，应更多通过设置专业学位和增加硕士学位阶段的学制弹性来实现，逐步使专业学位、应用型学位的比例和学术学位达到均衡水平，适应我国经济建设对应用型人才的需求。

（三）建立政府主导、质量为先、协同合作的资源分配机制

目前，我国研究生教育规模逐步扩大，培养能力不断增强，投入机制逐步健全，初步形成了一条符合我国国情的发展道路。但与教育改革发展的新形势、新要求相比，还存在培养经费供需矛盾突出、成本分担机制不健全、奖助政策体系不完善等问题。2013 年 2 月，财政部、发改委、教育部发布《关于完善研究生教育投入机制的意见》，对研究生教育财政拨款制度、研究生奖助政策体系、研究生教育收费制度等做出规定，对研究生教育资源配置制度改革起到了积极的推动作用。

1. 建立效率与公平兼顾的资源配置机制

在今后相当长的历史时期内，政府投入仍是我国高等教育经费来源的主要渠道。政府对学位授予权实行严格控制，高校难以根据办学规模扩展、层次结构调整的实际需求开展学科建设，从而限制了高校的办学自主

权。此外，根据《学位条例》，高校一旦成为博士、硕士学位授权单位，便可进一步开展所有学科门类的博士、硕士研究生教育，导致部分高校在学科建设上存在"广种薄收"、求多求全的现象，有限的教育资源被分散到多个学科领域，难以形成合力、办出特色。

根据我国实际情况，研究生教育资源配置宜采取效率优先、兼顾公平的策略。建立健全以政府投入为主、受教育者合理分担培养成本、高等学校等研究生培养机构多渠道筹集经费的研究生教育投入机制，全面激发研究生教育的活力，促进研究生教育持续健康发展。

总体看来，目前我国资源投入规模较大的高校的研究生教育资源配置效率低于资源投入规模相对较小的高校的资源配置效率。政府可以在政策制定上进行引导，使那些培养质量与发展势头较好、办学声誉良好的研究生培养单位获得更多的财政支持，进而使得研究生教育资源的配置和利用更加合理有效。同时，也要兼顾那些相对落后的中西部研究生培养单位，促使它们集中有限的资源发展相对优势的学科与专业，促进这些学科与专业研究生教育的发展。

2. 建立质量先导的资源配置机制

为有效引导研究生教育资源投入，建立质量先导的资源配置机制，我国政府已经进行了一些有益探索。2013 年开始，国家启动研究生教育投入机制改革，实行全面收费制度。在国家政策的引导下，各研究生培养单位不断探索本校的研究生教育收费和资助体系。2013 年 9 月 1 日起，武汉大学大幅提高博士研究生的待遇，特别优秀的博士生一年有望获得不低于9.6 万元的奖学金。2014 年年初，中南财经政法大学公布了该校"研究生奖助体系改革方案"，部分优秀研究生一年最高可获 7 万元左右的奖助学金。

实际上，我国不同区域存在着教育水平差距与投入效益差别，在资源配置过程中，应在政策导向上优先发展具有比较优势的培养单位，加大对区域内研究生培养质量与社会声誉较高的培养单位的投入力度，加强其在研究生教育层次的区域示范作用。在对高水平大学加大投入的同时，应加强效益评估，发挥资源优势。同时，也要扶持具有鲜明特色的研究生培养单位，积极发展符合区域特色的研究生教育体系，集中有限资源发展适应区域经济建设和社会发展的优势学科，促成研究生教育服务区域经济社会发展。

3. 建立协同合作的资源共享机制

在我国，优质教育资源在不同层次高校（如"985 工程"、"211 工程"、"省属重点"、"省属一般"高校）存在很大差异，即便是在"985 工程"高校，优质教育资源仍呈现出稀缺性。在一般院校，优质教育资源则更为紧缺。另外，科研院所与高校的研究生教育资源未能形成优势互补与资源共享，高校、科研院所和企事业单位间的优质研究生教育资源未能得到很好地拓展，产学研合作不够深入，高校、科研单位和企业之间尚未形成产学研密切合作的研究生培养和科技开发新机制。

在宏观层面上，政府可以通过规划与法令等宏观调控手段优化区域研究生教育的结构和布局，合理利用有限的教育资源，提高区域研究生教育的办学效益、培养质量及综合实力，促进研究生教育的稳定健康发展；可以通过研究生精品课程的建设，打造全国性的研究生优质课程资源共享平台，使研究生能共享全国范围的优质课程资源。另一方面，政府要逐步放权，强调市场对研究生教育资源配置的作用，促使资源流向与市场需求一致，确保研究生教育满足社会的需求，实现资源的优化配置。

在微观层面上，培养单位的研究生指导制度要从单一走向协作。一是建立以导师科研水平和学术能力为核心，量化评价和定性评价相结合的评价机制，加强导师队伍的考核监督，形成分类管理、动态调控的机制，推进导师协作式指导制度的建设。二是强化导师遴选、评价、学术和教学制度的建设，明确导师组成员的权责，通过管理、激励与考核机制，赋予导师在研究生招生、培养、资源配置和就业方面的更多权力，激发导师对研究生培养的使命感和责任感，充分调动导师组成员的积极性。三是集中有限资源面向研究生提供力所能及的科研奖励与科研平台，设立创新基金、项目和基地供研究生开展科研活动。另外，定期举办各种学术论坛，便于研究生锻炼学术交流能力以及营造良好的学术氛围。

四、提高研究生教育国际化程度

经济全球化带来了资源和人才在全球的加速流动。作为"无边界"的高深知识探究场所，研究生教育具有内在的国际化动力。研究生教育的国际化表现为教师国际化、学生国际化、教学内容国际化、实习场所国际化、学位制度国际化和研究生教育观念国际化。换句话说，在研究生教育制度、培养规格、质量、标准等方面都要符合国际规范，研究生的学位学历证书要获得广泛的国际认可。

进入 21 世纪，我国研究生招生规模不断扩大，从 2000 年的 12 万人增加至 2011 年的 56 万人，年均增长 14.32%，成为名副其实的研究生教育大国。但要成为研究生教育强国，直至成为创新大国，需要不断提高研究生教育的国际化水平，培养大批具有国际视野、通晓国际规则、能够参与国际事务和国际竞争的国际化人才。同时也需要不断提高国际化教育水平，吸引更多国外优秀研究生到中国留学，吸引更多的国际化尖端人才到中国深造、就业。

（一）增强研究生教育的国际化意识

中国的研究生教育要走向世界，扩大教育开放，就要在现在的教育体系中纳入革新的思想，引入国外先进的教育思想和教育理念，要以国际化视野规划研究生教育。为此，营造开放的文化氛围和环境，以及完善法律法规和发展战略，是我国提升研究生教育国际化水平的首要任务。

1. 营造开放的文化氛围和环境

虽然当前我国研究生教育国际化发展速度较快，来华留学研究生、联合培养、中外联合办学等都获得了较大发展，但这些大部分集中在"985工程"高校，其他高校在留学研究生培养上仍然进展缓慢。除了一些制度性因素外，很大部分是由于这些高校的国际化意识不强，在人才培养目标、教学内容、培养方式等方面与西方发达国家差距较大。此外，虽然近年国家公派教师进修的力度大幅增加，部分教师拥有了国际教育背景，但导师队伍中具有国际教育背景的人员比例仍偏小，能用外语指导外国研究生的导师数量明显不足，这直接导致我国无法扩大招收外国留学生的规模。

为了提高研究生教育的国际化程度，构建开放的文化环境是关键。在世界多极化、文化多元化的语境下，除了政府要加大国际合作与交流的政策支持之外，高校作为人才培养的主阵地，要汲取世界一流大学的教育思想、办学理念、管理模式和成功经验，面向国际人才市场优化研究生教育，加快我国研究生教育在人才培养、教学与科研等方面的国际化进程。其次，高校要确立国际化的研究生教育理念和培养目标，注重在教育过程中渗透国际化的办学理念，强调研究生教育要致力于培养具有国际视野和领袖精神的高层次人才。再次，高校要注重课程设置的国际化，使课程具有国际观点和开放视野，培养研究生在国际化背景下生存与发展的能力。最后，建立并完善我国研究生教育质量标准和质量保障体系，参与制定研究生层次人才培养的国际标准，关注国际质量评定机构的资质，保障研究生教育的国际水准和学位的国际质量。

2. 完善法律法规体系、明晰国际发展战略

目前我国研究生教育的开展主要以 1980 年颁布的《学位条例》为基础。该条例主要规范研究生教育的管理体制、管理方法、学位结构、组织结构、工作程序以及招生、培养和学位授予等方面工作。经历了 30 多年的发展，世界高等教育体系已经发生了重大变革，使得该条例在很多方面已经不能适应研究生教育发展的新形势。同时，虽然我国已经和不少国家签订了政府间相互承认学历、文凭和学位的有关协议，但是由于我国缺乏完善、权威的的研究生教育质量评估体系和学位认证制度，许多西方发达国家还不认可我国的研究生学历。

为此，需要认真研判国际研究生教育的改革与发展动向，规范研究生教育管理，提高管理水平和效率，保证国际化实践的延续性和稳定性。大力推进研究生教育的国际交流与合作，加强科研活动的国际化，提高公派研究生和教师到国外高水平教育和科研机构进行学术交流及科研合作的政

策力度，提高大学和科研机构遴选、组织和管理公派研究生的自主权。同时，开展多层次、多渠道和多种形式的研究生教育国际交流与合作，引进国外先进的教育理念和教育资源。

（二）扩大来华留学研究生规模

2005 年到 2010 年，我国出国留学研究生数和来华留学研究生数都成倍增加，彰显了我国研究生教育国际化的水平。但与此同时，在绝对数量上，出国留学研究生数远高于来华留学研究生数，这说明我国高层次人才面临着流失的危险。因此，我国应继续扩大来华留学生规模，同时吸引中国留学生归国。

1. 扩大来华留学研究生规模

近些年来华留学研究生呈现快速增长趋势。2010 年来华留学研究生与 2005 年相比，增长 599.20%。来华留学研究生占我国研究生招生总人数的比例从 2005 年的 0.34% 上升至 2010 年的 1.63%。根据外国留学生占高等教育机构学生总数的比例可以将一国（地区）高等教育国际化程度分为初级（1%—3%）、中级（3%—5%）和成熟（5%—8%）三个阶段（周洪宇，黄焕山，2008），而我国相应比例仅为 1.63%，还处于国际化初级阶段。从留学生的层次上看，2010 年来华攻读博士和硕士学位的留学生仅占 10.82%，而来华培训的占 69.29%。这与 2007 年在日本攻读硕士、博士学位的留学生比例占 24.9% 有较大差距（田辉，2010）。这说明我国研究生教育国际化程度还较低，留学生教育层次亟待提高。来华留学的生源国主要集中在亚洲地区（61.22%），而西方发达国家或地区所占比例相对较少（其中欧洲占 18.70%，北美洲占 9.65%）。

对我国来说，留学生培养不仅有利于扩大高校的国际影响，也有利于推动高校教师队伍的国际化建设，提高高校的国际竞争力。首先是政府方面，应加大教育经费投入，提高留学基金资助比例；设立留学生专项基金，鼓励外国留学生报考、申请；完善留学生管理相关法律法规，为留学生教育发展提供法律保障；建立向海外推介我国高等教育优质资源的整体宣传和策划机制，加大对我国研究生教育的宣传力度，使更多的国家和地区了解我国的研究生教育，增强我国研究生教育的吸引力。其次是学校方面，应建立健全与国际接轨的教学和管理制度，科学合理设置培养计划，增加国际化课程，开设具有中国特色的高质量课程，吸引不同领域、不同学科背景的留学生；同时根据国家需要，逐步增加培养来华留学生的学科，特别是高新、交叉学科领域；建立合理的考核机制，加强对来华留学生培养工作的考核，严格教学管理与评估，逐步提高来华留学生的质量；扩大对外交流，积极参与国际项目合作，通过合作交流、联合培养等形式，提高来华留学生比例。

2. 吸引中国留学生回国

随着我国教育国际化水平的提高、出国留学人员规模的迅速扩大，在海外学成归国的中国留学生也越来越多；加之近些年我国宏观经济形势相对乐观，政策环境日益改善，促使更多的留学生回国就业。2013 年留学人员回国服务工作部际联席会议公布的数据显示，改革开放以来，我国留学人员回国总数达 109 万人，近五年回国近 80 万人，接近前 30 年的 3 倍。而 2012 年留学人员回国数更是达到 27.29 万人，同比增长 46.57%。然而，尽管我国留学人员回流率总体呈上升趋势，但获得博士学位又有相应职业经历的高层次留学人才的回流率仍然处于较低水平。根据中央人才工作协调小组的报告，中国流失的顶尖人才数量居世界首位，其中科学和工程领域滞留率平均达 87%（王聪聪，许婕，2013）。相关调查显示，竞争环境、政策法规、薪酬待遇、职业发展等因素阻碍了留学生回国。因此，有必要进一步加大政策支持力度，吸引更多中国留学生，特别是高水平科技人才回国就业。

首先，完善吸引海外留学人才回国就业的配套政策。一是加大对海外留学人员回国创业的支持力度，在税收、贷款等政策上给以优惠；二是切实解决海外留学人员的生活问题，包括户籍、子女上学等。

其次，拓宽留学回国人员就业渠道。一是政府和企业通过"走出去"战略，积极到国外开展招聘会、展会，宣传国内政策及人才需求，吸引高层次人才回国就业；二是充分利用高校海外校友会、华人民间组织的信息传递作用，加强海外留学人才与国内用人单位之间的联系，促进海外留学人才回国创业；三是完善海外留学人才信息管理系统，及时更新数据库信息，并且加强与用人单位之间的联系，提高留学人员与用人单位之间的对接度。

最后，营造自由平等的科研环境。一是完善科研管理体制，积极推行行政与科研分离改革；二是打破高校产出等硬性指标的束缚，建立科学合理的评价指标体系，大力支持应用基础强、潜力大的科研项目，强化科研积累；三是进一步加强知识产权保护等法制建设，提高科技创新能力，为留学生回国创造良好的科研环境。

（三）大力加强国际交流与合作

随着我国经济发展进入新的发展阶段，整个社会对于拔尖人才的需求越来越大。研究生教育的国际交流和合作有效推动了我国拔尖人才的培养，也为我国研究生教育的改革和发展提供了先进的国外经验，增进了其他国家对我国研究生教育的了解。但是，我国的研究生教育国际化还处在转型期，国际化观念有待加强，国际化课程设置还有待完善，国际化的学位制度更是有待确立。因此，有必要通过各种手段加强国际交流与合作，全面推进我国研究生教育国际化的步伐。

1. 正确把握"走出去"与"引进来"的关系

中国自2007年开始实施国家公派出国留学项目，受益研究生与日俱增，研究生在国外知名高校进行联合培养或攻读博士学位，大幅提升了其科研实践能力和创新能力。但同时也存在本土化的问题。国际合作与交流的实质就是要把各国的研究生教育纳入国际视野，通过相互的接触、合作和交流，学习和借鉴先进的理念和经验。在本土化过程中，要注意加以区分，不得照抄照搬，不得全盘取用。需要在交流与合作中取其所长，结合中国的国情和实际情况，去粗取精、去伪存真、博采众长，将国际范例本土化，为我所用。

2. 推进联合培养研究生工作

与其他国家联合培养研究生是推进我国研究生教育国际化进程的重要举措。近些年，随着我国研究生教育国际化的发展，我国与其他国家联合培养研究生的规模不断扩大，国内外联合培养研究生模式也更加多样化。如"北京高等学校国内外联合研究生培养基地项目"就取得了较大的成效，对提高我国研究生教育国际化水平具有重要作用。

在联合培养研究生方面，政府应发挥政策导向作用，继续支持和鼓励研究生教育的国际交流与合作；完善与国外机构联合培养的相关法律法规，加强相关政策方针、发展规划和促进机制的建设。各大高校应持续建立和推进与国外大学联合培养研究生的机制，积极实施开放式办学，有效推进中外联合培养研究生工作；改革现有研究生培养机制，大力推进"两个导师"的研究生培养创新模式，充分利用海外优质教育资源，落实双导师制，鼓励研究生，特别是博士研究生以联合培养的方式到国外进行学习或科学研究，提高研究生培养的国际化水平；遵循强强联合、互利共赢和分类管理的原则，建立和完善中外联合培养研究生工作的长效机制，促进中外联合培养研究生工作的规范化和制度化，确保联合培养研究生的培养质量。

3. 积极开展中外合作办学

开展研究生教育中外合作办学，能够实现国内外资源优势互补，有利于丰富优质教育资源，开创教育改革发展新局面，培养具有国际视野的复合型人才。为此，政府应积极进行宏观调控，引导中外合作办学健康发展；鼓励和引导国内高校在国内新兴、急需、薄弱和空白的学科领域与国际知名院校开展中外合作办学；同时进一步完善中外合作办学相关的法规政策，实现合作办学的互利共赢。学校则应严把国外教育资源关，确保引进国际一流教育资源，提高合作办学质量；应合理定位，结合自身学科建设特色，实施差异化战略；同时可利用由大企业和政府机构支持的重要合作项目，提高与国际知名院校、大企业的合作水平，提高国际化程度。

4. 完善跨国研究生学位认定制度，推进研究生课程和师资的国际化

目前，国外大部分国家对我国高校授予的研究生学位尚不认可。为此应积极推进跨国学位认定的双边协议工作，提高国际社会对我国学位的认可度；建立与世界接轨的专门性学位认定机构，通过多种方式验证学位，逐步获取国际性研究生教育质量认证组织的肯定；同时结合本国特色，积

极引进国外先进的教学经验与学位认定制度，提高我国研究生教育的国际化水平，促进我国研究生教育与国际接轨。

在推进研究生课程国际化方面，可以引进国外经典的教材，使研究生处于学术前沿；开设国际化的课程，拓展研究生的国际化视野；通过邀请相关专业知名专家参与研究生教育培养，实施专业学位研究生国际课程合作计划，在平等互惠、优势互补的基础上，与国外一流大学合作设立一批优质国际合作课程，实行师资互派、学生互换和学分互认；采取多种形式，拓展专业学位研究生海外实习与就业渠道；积极借鉴专业学位教育发达国家的有益经验，推动专业学位的国际评估与认证工作，使得研究生培养国际化和现代化。在推进师资国际化方面，可以增加教师出国访问、进修的机会和补助额度，鼓励教师参与国际性学术会议，同时更多地引进和招聘国外知名院校毕业生、知名学者；可以通过国家间的科研合作提高师资的国际化水平。此外，还应鼓励培养单位积极参与国际权威认证机构和行业协会的资质认证工作，鼓励导师、研究生积极参与国际职业资格证书的培训与考评，培养具有国际视野的高素质专业人才，提升专业学位研究生教育的国际竞争力和影响力。

[参考文献]

BARGAR R R, MAYO-CHAMBERLAIN J. 1983. Advisor and Advisee Issues in Doctoral Education [J]. Journal of Higher Education（4）：407-432.

BOYER E L. 1990. Scholarship Reconsidered：Priorities of the Professoriate [M]. Princeton, NJ：The Carnegie Foundation for the Advancement of Teaching.

BYRNE J, JØRGENSEN T, LOUKKOLA T. 2013. Quality Assurance in Doctoral Education—Results of the ARDE Project [R]. European University Association.

COMMITTEE ON SCIENCE, ENGINEERING, AND PUBLIC POLICY. 1995. Reshaping the Graduate Education of Scientists and Engineers [M]. Washington, D. C. , National Academy Press.

GREEN D. 1994. What Is Quality in Higher Education? [M]. Buckingham：Society for Research into Higher Education and Open University Press.

KAUFMAN J C, BEGHETTO R A. 2009. Beyond Big and Little：The Four C Model of Creativity [J]. Review of General Psychology（1）：1-12.

MILLS M P, OTTINO J M. 2012. 科技变革即将引领新的经济繁荣 [EB/OL]. （2012-02-22）[2014-03-21]. http：//cn. wsj. com/gb/20120222/opn074317. asp.

TAYLOR A R. 1976. Becoming Observers and Specialists [M] //KATZ J, HARTNETT R T. Scholars in the Making, Cambridge：Ballinger：127-140.

ZALTMAN G, LIN N. 1971. On the Nature of Innovation [J]. The American Behavioral Scientist（5）：651-673.

贝尔. 1985. 后工业社会 [M]. 彭强，译. 北京：科学普及出版社.

陈洪捷，赵世奎，沈文钦，等. 2011. 中国博士培养质量：成就、问题与对策［J］. 学位与研究生教育（6）：40-45.

陈伟，裴旭，朱玉春. 2010. 我国研究生教育质量保障体系构建的有关探讨［J］. 学位与研究生教育（7）：50-54.

陈希. 2009. 在全国专业学位教指委联席会议上的讲话要点［EB/OL］.（2009-10-20）［2014-06-02］. http：//www.cdgdc.edu.cn/xwyyjsjyxx/xw30/jjssn/mtbd/271464.shtml.

陈瑶，李彦武，高进军. 2010.《前方的路：美国研究生教育的未来》报告述评［J］. 学位与研究生教育（12）：67-72.

陈莹莹，宓一鸣，邹栎，等. 2013. 浅析研究生教育质量保障体系［J］. 中国高等教育评估（1）：53-56.

董泽芳，何青，张惠. 2013. 我国研究生创新能力的调查与分析［J］. 学位与研究生教育（2）：1-5.

顾海良. 2006. 教育体制改革攻坚［M］. 北京：中国水利水电出版社.

何晓群. 2008. 多元统计分析［M］. 第2版. 北京：中国人民大学出版社.

洪煜，钟秉林，赵应生，等. 2012. 我国研究生教育制度的历史沿革、现存问题与改革方向［J］. 中国高教研究（7）：41-46.

教育部. 2013. 教育部学位管理与研究生教育司负责人就研究生教育综合改革答记者问［EB/OL］.（2013-07-12）［2014-04-03］. http：//www.moe.edu.cn/publicfiles/business/htmlfiles/moe/s271/201307/154116.html.

吉登斯. 1998. 社会的构成：结构化理论大纲［M］. 李康，李猛，译. 北京：生活·读书·新知三联书店.

科技部发展计划司. 2013. 2012年中国科技论文统计分析［EB/OL］.（2013-12-24）［2014-04-03］. http：//www.sts.org.cn/tjbg/cgylw/cindex.asp.

李立国，詹宏毅. 2008. 比较视野下的我国研究生教育学科结构分析［J］. 高等教育研究（12）：60-71.

李盛兵. 1996. 世界三种主要研究生教育模式之比较研究［J］. 教育研究（2）：12-17.

李雪林. 2011. 应警惕轻基础重应用倾向［N］. 文汇报，01-17.

刘贵华. 2002. 泛"学科"论［J］. 现代大学教育（2）：75-79.

刘小宝. 2013. 论"跨学科"的谱系［D］. 合肥：中国科学技术大学.

曼海姆. 2000. 意识形态与乌托邦［M］. 李步楼，等，译. 北京：商务印书馆.

米塞斯. 1991. 人的行为（上）［M］. 夏道平，译. 台北：远流出版事业股份有限公司.

沈文钦，王东芳．2010. 从欧洲模式到美国模式：欧洲博士生培养模式改革的趋势
　　［J］. 外国教育研究（8）：69-74.

田辉. 2010. 高等教育留学生国际流动趋势与来华留学对策分析［J］. 大学（学术版）
　　（4）：26-32.

万力维．2005. 学科：原指、延指、隐指［J］. 现代大学教育（2）：16-19.

王传毅，袁本涛，文雯．2013. 我国研究生教育区域结构外部协调性之实证研究［J］.
　　研究生教育研究（2）：1-8.

王传毅，赵丽娜，杨莉. 2013. 我国研究生教育区域结构外部协调性研究述评［J］. 现
　　代教育管理（3）：101-105.

王聪聪，许婕. 2013. 如何吸引优秀留学人才回国？［N］. 中国青年报，09-05.

王孙禹，袁本涛．2005. 关于我国研究生教育发展战略的几点思考［J］. 现代教育科学
　　（3）：60-63.

王孙禹，袁本涛，赵伟. 2007. 我国研究生教育质量状况综合调研报告［J］. 中国高等
　　教育（9）：32-35.

王迎军．2012. 构建协同创新机制，培养拔尖创新人才［N］. 中国教育报，04-23
　　（5）.

文雯．2011. 国际比较视角下的研究生教育结构变化［J］. 高教探索（6）：55-60.

吴开俊，王一博．2013. 专业学位研究生教育结构与产业结构适切性分析［J］. 教育研
　　究（2）：97-104.

谢安邦，朱宇波．2008. 我国学位与研究生教育发展30年：回顾与展望［J］. 教育研究
　　（11）：19-29.

熊和平．2004. 课程：从"圈养"到"游牧"再到"传记"［J］. 比较教育研究（11）：
　　52-56.

许为名，张国昌，林伟连，等．2005. 区域经济与研究生教育布局——美、英、日、中
　　四国现状比较［J］. 比较教育研究（1）：20-24.

研究生培养模式创新的理论与实践研究课题组．2013. 中国研究生培养模式的理论与实
　　践研究［M］. 北京：高等教育出版社.

杨奎．2008. 对象性超越与自我超越：主体社会实践的价值归宿［J］. 中国人民大学学
　　报（1）：72-77.

佚名．2011. 博士申请制：必须走出的"第一步"［N］. 科学时报，09-06（B3）.

袁本涛，王传毅. 2013. 省域研究生教育与经济社会协调发展：争鸣与辨析 [J]. 学位
　与研究生教育（3）：65-69.

袁本涛，王传毅，胡轩. 2013. 我国研究生教育区域结构与经济科技发展的协调性研究
　[J]. 高等教育研究（7）：39-44.

詹春燕，唐信焱. 2010. 国际视域下的研究生教育质量评价 [J]. 教育发展研究（21）：
　62-66.

张良. 2012. 高校跨学科研究生培养的现状分析与对策研究 [J]. 研究生教育研究
　（4）：11-15.

张志伟. 2004. 西方哲学十五讲 [M]. 北京：北京大学出版社.

赵琳，刘惠琴，袁本涛. 2009. 我国研究生教育省际发展状况及其特征研究 [J]. 学位
　与研究生教育（5）：26-31.

中国教科院教育质量标准研究课题组. 2013. 教育质量国家标准及其制定 [J]. 教育研
　究（6）：4-16.

中国学位与研究生教育发展年度报告课题组. 2013. 中国学位与研究生教育发展报告
　2012 [M]. 北京：中国人民大学出版社.

周洪宇，黄焕山. 2008. 论高等教育全球化的指标体系 [J]. 高等教育研究（7）：11-20.

周洪宇. 2013. 关于制定《中华人民共和国学位法》的建议 [EB/OL].（2013-08-01）
　[2014-04-21]. http：//www. mj. org. cn/mjzt/2007year2h/rdrw/zhy/taya/200703/t2007
　0305_ 20764. htm.

周文辉，李明磊. 2013. 基于高校调查的研究生培养质量保障机制研究 [J]. 教育研究
　（3）：59-65.

后　记

　　本书是中国教育科学研究院基本科研业务专项基金课题成果。课题由全国教育科学规划领导小组办公室承担。刘贵华教授为课题负责人，课题组成员包括张彩云、丁杰、徐美贞、孟照海、王小明、黄海军、柳劲松。

　　写作分工如下：第一章由刘贵华、徐美贞、柳劲松撰写；第二章由丁杰、黄海军撰写；第三章、第四章由孟照海撰写；第五章由张彩云、王小明撰写。刘贵华教授负责全书框架的设计和统稿，孟照海博士参与了本书的统稿工作。

　　衷心感谢中国教育科学研究院领导和相关部门对本报告给予的指导和关心，衷心感谢相关专家和部门对本报告的支持和帮助。

　　本报告是课题组对研究生教育发展首次进行研究的成果，由于写作时间较紧，加之资料有限，报告中不完善之处在所难免，敬请读者批评指正。

出 版 人　所广一

责任编辑　翁绮睿　刘明堂

版式设计　孙欢欢

责任校对　贾静芳

责任印制　叶小峰

图书在版编目（CIP）数据

中国研究生教育发展报告. 2013 ／ 刘贵华等著 . —北京：
教育科学出版社，2015.6

（国情教育研究书系/田慧生主编）

ISBN 978-7-5041-9560-9

Ⅰ. ①中…　Ⅱ. ①刘…　Ⅲ. ①研究生教育—发展—研究
报告—中国—2013　Ⅳ. ①G643

中国版本图书馆 CIP 数据核字（2015）第 097850 号

中国研究生教育发展报告 2013

ZHONGGUO YANJIUSHENG JIAOYU FAZHAN BAOGAO 2013

出版发行	**教育科学出版社**			
社　　址	北京·朝阳区安慧北里安园甲 9 号	市场部电话	010-64989009
邮　　编	100101	编辑部电话	010-64989421
传　　真	010-64891796	网　　址	http://www.esph.com.cn
经　　销	各地新华书店		
制　　作	北京金奥都图文制作中心		
印　　刷	保定市中画美凯印刷有限公司		
开　　本	169 毫米×239 毫米　16 开	版　　次	2015 年 6 月第 1 版
印　　张	14.5	印　　次	2015 年 6 月第 1 次印刷
字　　数	198 千	定　　价	46.00 元

如有印装质量问题，请到所购图书销售部门联系调换。